Massagem Antiestresse

André Nessi

Massagem – – Antiestresse

Uma abordagem teórica e prática para o bem-estar

6ª edição – Revisada e atualizada

Phorte editora
São Paulo, 2021

Massagem antiestresse: uma abordagem teórica e prática para o bem-estar

Rua Rui Barbosa, 408
Bela Vista – São Paulo – SP
CEP 01326-010
Tel: (11) 3141-1033
Site: www.phorte.com.br
E-mail: phorte@phorte.com.br

CIP-BRASIL. CATALOGAÇÃO NA PUBLICAÇÃO
SINDICATO NACIONAL DOS EDITORES DE LIVROS, RJ

N38m
6. ed.

Nessi, André
Massagem antiestresse : uma abordagem teórica e prática para o bem-estar / André Nessi. - 6. ed., rev. e atual. - São Paulo : Phorte, 2021.
136 p. : il. ; 24 cm.

Inclui bibliografia
ISBN 978-65-88868-05-8

1. Massagens. 2. Stress (Psicologia). 3. Qualidade de vida. I. Título.

21-69542 CDD: 615.822
CDU: 615.82

Camila Donis Hartmann - Bibliotecária - CRB-7/6472
ph0661.6

Este livro foi avaliado e aprovado pelo Conselho Editorial da Phorte Editora.

Impresso no Brasil
Printed in Brazil

Agradecimentos

Primeiramente, agradeço a Deus, por ter me dado o dom da vida, bem como o dom da cura e da prevenção por meio das mãos, estas que atuam há mais de 35 anos em prol da saúde de todos os meus clientes, pacientes e amigos. Agradeço, também, por ter permitido que, dentro da minha integridade física e mental, eu realizasse o sonho de publicar esta obra.

Agradeço especialmente àqueles colaboradores que, generosamente, dedicaram tempo e talento na produção deste livro.

A todos da Phorte Editora, agradeço a paciência, a orientação, a amizade e o profissionalismo. Em especial, ao professor Fabio Mazzonetto, por sempre acreditar em nossos sonhos e em nossas propostas, além de ter uma brilhante visão empreendedora.

Agradeço o apoio e as orientações do doutor Osmar de Oliveira quanto ao assunto massagem no esporte, o qual também, mesmo com tantos compromissos e responsabilidades, prefacia este trabalho.

Agradeço as orientações do doutor Gilberto Antônio, que, com toda a atenção, explicava todos os casos numa visão médica e terapêutica.

Ao doutor Rubem Silva, por sua dedicação e amizade em toda a minha carreira profissional.

Aos amigos e professores Walter Florêncio, Maurício Machado Cali, Isabel Florêncio (*in memoriam*), Rene Marcos Orsi (*in memoriam*), Luiz Antônio Gino, Antônio Ferreira Amaral, Aparecida Uberaba, Gilberto Kiko, Mário Américo (*in memoriam*), Armando Austregésilo, Hirashi Kaneshiro (*in memoriam*), Milton Pessuto (*in memoriam*) e Antônio Ignácio Aragão (*in memoriam*), que contribuíram para a minha iniciação, experiência e profissionalização em massagem.

A todos os professores da Faculdade de Educação Física do Centro Universitário das Faculdades Metropolitanas Unidas (UniFMU), responsáveis pela minha sólida formação, os quais me ensinaram que educar é muito mais do que o exercício do corpo e da mente – é um eterno moldar do caráter.

Sou grato aos meus clientes, por compartilharem comigo todos os benefícios desta terapia e arte: a massagem.

Minha eterna gratidão à minha avó Constância Nessi, grande mentora, incentivadora e amiga, sempre presente com seu carinho e amor. Motivou-me a desbravar o mundo: conheci 27 países, em quatro continentes, nos quais visitei escolas, participei de cursos e os ministrei.

À minha mãe, que me trouxe ao mundo, sempre batalhando e vencendo; amo-a muito.

Aos meus tios e padrinhos Ângela e Max Hiendlmayer, que foram meus amigos, pais, incentivadores e críticos, abrindo sempre um leque de opções para me tornar melhor.

Aos meus filhos, André L. M. Nessi, primogênito, primeiro a gostar de massagem, dos seus primeiros dias de vida até o momento; Lucas F. M. Nessi, que, quando entrou na adolescência, gostava de praticar a massagem e de buscar compreender os mistérios dos mapas reflexos dela; Arthur M. Nessi, o mais ansioso, que precisa de muita massagem e gosta de ser massageado. A eles, que me fazem amar cada vez mais o tocar e ser tocado. Joias de grande valor, dia a dia, ensinam-me uma nova lição na "escola da vida", cujo maior gesto é motivado pelo amor. Hoje, além de meus filhos, são meus amigos, sempre prontos a contribuir para as novas práticas da massagem.

Aos amigos, professores e organizadores de eventos que fizeram a massagem crescer e ser reconhecida em todo o Brasil, por meio da organização dos eventos com cursos, palestras, seminários e vivências com massagem antiestresse: Paulino e Rosana (Poços de Caldas – MG), Otávio Moscatello, o Tavicco (São Paulo – SP), João Batta e Adib (Curitiba – PR), Milton Felker (Santa Maria – RS), Almir Adolfo Gruhn – Federação Internacional de Educação Física (Fiep-Mundial) (Foz do Iguaçu – PR), Carlos Caixeta (Patos de Minas – MG), Pecos (Florianópolis – SC), Maurício Bueno da Rocha (Jaraguá do Sul – SC), Rinaldo (Jacarezinho – PR), Robério Maciel (Fortaleza – CE), De Paula (Capão da Canoa – RS), Fábio Padilha e Waldir Assad (Brasília – DF), Kleber (Goiânia – GO), Eliane Mattos (Campo Grande – MS), Cleide Borshoi (Belém do Pará – PA), Ricardo Catunda (Fortaleza – CE), Sandra Mariga (Erechim – RS), Massao Nagamatsu (*in memoriam*) (São José dos Campos – SP), Hélio e Bruno (Rio de Janeiro – RJ), Rubem (São José do Rio Preto – SP).

Aos meus amigos e irmãos Sérgio Akira Tominaga (*in memoriam*), Ricardo Minoru Tominaga (*in memoriam*) e aos meus amigos e pais Leonora Hitomi e Mário Tominaga (*in memoriam*) por sempre acreditarem em minha carreira e terem me acolhido como da família.

Ao professor Mário Charro, pelo convite para coordenar e realizar o curso de pós-graduação em Massagem e Técnicas Corporais Contemporâneas (UniFMU).

Agradecimentos muito especiais à professora universitária, ex-atleta profissional e ex-integrante da Seleção Brasileira de Basquete Feminino, hoje, delegada adjunta da Fiep e delegada do Conselho Regional de Educação Física (Cref), Áide Angélica de Oliveira Nessi, minha esposa e dedicada companheira. Uma profissional íntegra, séria e muito comprometida com a atividade preventiva do estresse em suas aulas de Educação Física no ensino superior ou como assistente da Secretaria da Educação, onde trabalha atualmente. Ela sempre referencia a prática e o uso das técnicas de massagens antiestresse como prevenção e para o bem-estar. Minha eterna gratidão. E meu infinito amor!

Desejo agradecer, também, a toda a equipe de professores da Universidade Morumbi (São Paulo – SP), do curso de graduação em Estética, em especial, a Cristina Duarte e Regina Gante, pela confiança e pela indicação; a Vanessa Lacerda Alves Furlan e Maria de Fátima Lima Pereira, pela parceria e pelo crescimento em prol da Estética, da Terapia e do Bem-Estar; a Pamela Barbosa Arantes e Margareth Feres, por dividirem as disciplinas de Massagem.

Agradeço ao amigo doutor Gilberto Cardin (São Paulo – SP), por suas muitas orientações e prolongadas explicações fisiológicas acerca do funcionamento do corpo humano, assim como por sua gentil participação, liberando sua clínica para a realização das fotos. Uma pessoa ímpar de exemplo a ser seguido, pela dedicação plena ao bem-estar de seus clientes, em todos os aspectos da vida. Como gosto de dizer, um verdadeiro médico, como poucos, a serviço de Deus nesta Terra.

Agradeço à modelo de demonstrações, que foi atenciosa e dedicada, além de atuar nesta maravilhosa área das técnicas de massagens na promoção do bem-estar, da saúde e da beleza: Nara Oliveira Santos.

Meu obrigado a todos por mais esta realização em minha vida profissional e pessoal.

Apresentação

O estresse, hoje, é um assunto muito comentado em todos os meios de comunicação. Trata-se de um tema que interessa principalmente às pessoas que vivem nos grandes centros urbanos. Viver em cidade grande é viver com o estresse a todo momento. Ele pode ser uma manifestação tanto positiva como negativa para o ser humano, quando submetido a novas situações que o façam ter reações físicas e mentais. Essas reações podem ser manifestadas dependendo do tipo de evento estressor. Como professor de Educação Física há mais de 20 anos, e como massoterapeuta e quiroprático há mais de 35 anos, ministrando aulas em escolas e em faculdades, e aplicando massagens terapêuticas, estéticas e desportivas, percebi que a massagem está realmente sendo valorizada, e passou a ser a primeira atividade para o controle do estresse diário. Além disso, as pessoas buscam com muita ansiedade todos os meios possíveis para aliviar suas tensões e seu estresse. Por meio desta leitura, compreender-se-á que a massagem é um ótimo instrumento para essa finalidade.

Muitos profissionais que não enxergavam o valor da massagem, hoje, reconhecem que ela produz muitos benefícios e é um instrumento a mais em suas profissões.

Atualmente, podemos encontrar com certa facilidade um profissional de massagem em diversos setores do mercado de trabalho, e é muito gratificante ter a massagem em tantos ramos. Para diminuir as tensões do cotidiano e eliminar a fadiga muscular ocasionada pelo estresse diário, lojas, grandes magazines, feiras, *shoppings centers*, aeroportos, empresas e indústrias colocam à disposição de seus clientes e funcionários a prática da massagem.

Este livro tem como objetivo motivar outras leituras, especificamente sobre a história, os benefícios e a prática da massagem, proporcionando aos estudantes e praticantes dessa arte maior subsídio teórico e prático para sua realização.

A massagem atua sobre o corpo e a mente, proporcionando equilíbrio à pessoa massageada e melhorando os sistemas circulatório, respiratório, muscular, digestivo, esquelético, endócrino e linfático, enfim, promovendo saúde.

Acredito que a massagem proporciona a melhora da qualidade de vida e da saúde quando praticada por um profissional habilidoso e capacitado, e, consequentemente, traz benefícios à comunidade.

O excesso de atividades utilizando microcomputadores, a automatização das máquinas e os eletrodomésticos moderníssimos contribuem para que o indivíduo deixe em segundo plano algumas necessidades básicas do ser humano, entre elas, o toque. A massagem antiestresse atende a essa necessidade, melhorando a capacidade da pessoa de olhar para dentro de si e de perceber suas reais condições, tanto físicas como mentais.

Ao recebermos apenas meia hora de massagem por dia, podemos notar a renovação das forças, a melhora do ânimo, do cuidado e da produtividade pessoal.

Este novo milênio faz emergir uma imperiosa carência humana de toque e de comunicação. A massagem é um bom instrumento para favorecer a integração de grupos e contribui para o processo do desenvolvimento, para o companheirismo e para o crescimento pessoal.

É interessante fazer um passeio pela época de Hipócrates, Galeno, Oribásio, Pehr Henrik Ling e muitos outros que contribuíram para a história da massagem. A proposta deste livro é ser didático, prático e de fácil compreensão, como um guia para consulta rápida e eficiente para uso rotineiro nas aulas acadêmicas sobre estresse e massagem. Para as escolas técnicas, este pequeno manual é de grande valia, porque orienta, passo a passo, como promover um bom trabalho com massagem e, também, como ser autobeneficiado com a prática.

Que a leitura desta obra e a prática de seu conteúdo possam auxiliá-lo na diminuição não só das suas próprias tensões físicas e mentais, como também das tensões dos que necessitam de seus cuidados, se for essa sua finalidade com este material. Assim, desejo a você um maravilhoso passeio pelo mundo das ações das mãos em prol da saúde do massageado.

Prefácio

Quando conheci o André, ele ainda era meu aluno. Percebi logo seu senso de responsabilidade, sua vontade de estudar e sua visão perspicaz. Falava de massagens com raro entusiasmo. Tudo isso, somado a essa minha mania de tentar enxergar de pronto o futuro desses jovens, convenceu-me rapidamente de que aquele André tinha o futuro pronto. Depois, quando voltou dos estudos e trabalhos da Europa, contou-me com euforia suas bravuras e seus novos conhecimentos. Não só lhe encaminhei muitos pacientes como o indiquei para dar cursos de massagens em vários congressos e eventos científicos. Não me arrependi. Agora, ele me vem com este livro tão oportuno e tão completo. Li da primeira à última página. Tudo perfeito, bem-organizado, cheio de informações e, acima de tudo, de fácil compreensão; enfim, didático.

Embora ele diga que Deus foi o primeiro massagista a moldar o organismo do homem, costumo sempre dizer nas minhas aulas que, quando Adão teve sua primeira sensação de frio, ele esfregou suas mãos em seu corpo para se aquecer. Foi uma automassagem vasodilatadora. Desde então, a massagem não parou mais, e os massagistas foram aparecendo em todas as partes do mundo. Mas também sempre disse que os melhores seriam aqueles que aliassem o estudo científico ao dom do toque e à sensibilidade de perceber na superfície os males que afligem as pessoas. São os Massagistas, agora, com M maiúsculo, e o André Nessi está nesse pelotão, sempre no bloco da frente.

Nem Deus nem Adão poderiam imaginar que o homem, na sua evolução, um dia, teria estresse, a agonia das tensões do cotidiano. Isso aconteceu, e a massagem veio em tempo certo para ser coadjuvante no tratamento desse distúrbio. Faltava organizar o modo da massagem antiestresse, como fazê-la e o que esperar dela. Foi tudo isso, pois, que o André Nessi fez neste livro.

Estou orgulhoso do convite para este Prefácio.

Dr. Osmar de Oliveira
(⋆1943-†2014)

Sumário

1

A história da massagem

A massagem é utilizada de forma instintiva por todos nós. Assim, ao contundir uma parte do corpo, temos por hábito friccionar o local com as mãos, prática que é um dos métodos naturais de cura mais antigos da Humanidade e está presente nas áreas de Medicina, Esporte e Estética.

Um dia, Deus pegou um punhado de terra e, por muito tempo, ficou amassando, apertando e moldando; assim, aos poucos, foram surgindo artérias, veias, tecidos, ossos, células, órgãos, pele, cabelo, olhos, dentes, braços, pernas, enfim, o homem – formado, então, à Sua semelhança. Talvez tenha sido esse o momento da primeira massagem – a criação do homem – e, desse modo, cada vez que tocamos em alguém é como se estivéssemos representando esse ato.

Todos nós precisamos de alimento, de água e de oxigênio, necessidades fisiológicas básicas do ser humano. Isso também ocorre com o toque, pois é por ele que chegamos ao mundo e somos concebidos. No entanto, com frequência, esquecemos sua importância no dia a dia, algo que este livro pretende resgatar por meio de teorias e de fundamentos da massagem.

Massagem é o ato de tocar com as mãos, provocando alguma reação, seja ela fisiológica, psicológica, química ou mecânica. Ao tocar alguém, inúmeras reações são produzidas no corpo e na mente, muitas delas, observadas e estudadas ao longo dos meus mais de 70 mil atendimentos.

Segundo Motta (1959), massagem é um complexo de movimentos praticados sobre o corpo com as mãos (massagem manual) ou com aparelhos mecânicos (massagem instrumental).

Para Austregésilo (1988), é a linguagem do tato, acrescida de um conjunto de toques exercidos sobre o corpo, com fins terapêuticos, desportivos, estéticos, emocionais e lúdicos.

Já para Campos (1988), trata-se de um conjunto de manobras aplicadas com fins higiênicos ou terapêuticos nas diferentes partes da superfície cutânea que correspondem às regiões dotadas de tecidos macios.

Wood e Becker (1984) citam Murrell (1853-1912), dizendo que a massagem é o modo científico de tratar certas formas de doenças por manipulação sistêmica, e Graham (1884), sustentando que a massagem é um termo novo e amplamente aceito pelos médicos europeus e americanos para determinar um grupo de manobras, geralmente feitas com as mãos, como fricção, amassamento, manipulação, rolamento e percussão de tecidos externos do organismo, com objetivo curativo, paliativo ou higiênico.

A arte da massagem tem sido praticada desde os tempos antigos e, segundo Rumpler e Schutt (1993), os primeiros testemunhos escritos sobre massagens curativas provêm da China (cerca de 2.600 a.C.).

Para Hipócrates (460-370 a.C.), o pai da Medicina na Grécia antiga, "friccionar" é uma arte que o médico deve dominar. Em seu *Tratado de luxação de ombro*, ele coloca a massagem como recurso terapêutico de grande importância, citando inúmeras vezes a fricção.

Galeno (129-199 d.C.), célebre médico greco-romano, escreveu um livro sobre massagem; e Júlio César (100-44 a.C.) teria sido massageado todos os dias, em razão de ataques epilépticos.

Belzunce (1959) cita que, no ano 500 a.C., Heródico já utilizava a massagem em seus pacientes. Também menciona que Hipócrates estabeleceu as massagens como centrífugas ou centrípetas, ou seja, direcionadas do coração para a periferia ou da periferia para o coração, incluindo amassamento para articulações rígidas e soltas.

Hoje, temos uma infinidade de pessoas que sofrem com dores miofasciais, lombares ou ocasionadas por esforços repetitivos no trabalho. Essas afecções musculoesqueléticas poderiam facilmente ser tratadas por Hipócrates, nos dias de hoje, com o auxílio da massagem.

Por meio desses relatos, podemos perceber que a massagem foi amplamente utilizada no meio médico e que, tanto na História Antiga como na Moderna, era uma prática comum e de grande aceitação.

Austregésilo (1988) cita que os gregos e os romanos foram, sem dúvida, grandes conhecedores e praticantes de massagem, pois a indicavam aos esportes e aos tratamentos de doenças.

Wood e Becker (1984) fazem uma interessante referência sobre o objetivo da massagem segundo Avicenna (980-1037), dizendo que ela tem o objetivo de dispersar os catabólicos formados nos músculos e não expelidos pelo exercício. A massagem faz os catabólicos usados serem dispersos, removendo a fadiga.

Em Cuba, na cidade de Havana, no Instituto Superior Manuel Farjado e no Instituto Internacional de Cultura Física, os atletas são orientados a receber massagem antes e depois da prática desportiva. Visitando alguns institutos, pude perceber que, pela massagem, logo após o treinamento físico, é possível remover os catabólicos musculares dos atletas. Era visível o aumento do volume muscular após uma boa sessão de massagem. É importante salientar que a indicação da massagem era feita pelo departamento médico e que os grandes atletas eram massageados até duas vezes por dia.

A massagem sempre teve sua importância na História, tanto na área médica como na esportiva. Segundo Rumpler e Schutt (1993), o sueco Pehr Henrik Ling (1776-1839) desenvolveu – seguindo os moldes egípcios, romanos, gregos e chineses – a que ficou conhecida como massagem sueca, considerada a forma clássica das massagens. Em 1813, Ling fundou, em Estocolmo, a primeira escola para massagistas, e, desde então, outros métodos de massagem foram surgindo, como o método alemão de Albert Hoffa (1859-1907), o método francês de Despard e Tappan, o método americano de Mitchell, Kellogg e Beard e o método inglês de Blundell.

As escolas pioneiras em massagem, assim como os grandes mestres da Medicina e da Educação Física – cuja massagem é a segunda atividade profissional – concentram-se ao norte e no centro da Europa.

Campos (1988) menciona, também, o método finlandês, que, durante as Olimpíadas de Los Angeles, chamou a atenção para a capacidade física e a resistência dos esportistas americanos e finlandeses, resultado de massagens sistemáticas e contínuas.

Atualmente, a massagem já é uma prática constante antes, ao longo ou depois dos esportes, tornando-se grande aliada. Durante as Olimpíadas, podemos observar a presença de massagistas trabalhando para aliviar o estresse e a fadiga muscular dos atletas.

De acordo com Pemberton, Cajori e Crouter (1924), uma massagem vigorosa evita a formação de ácido láctico e, consequentemente, de acidose, liberados no corpo até quando uma ginástica leve é realizada. Mesmo numa posição estática, essas substâncias tóxicas são produzidas na musculatura; e, se uma atividade física não for feita para eliminá-las, a massagem exercerá esse papel.

Conhecendo os mecanismos de funcionamento da massagem, podemos aplicá-la com muito mais eficiência no combate ao estresse. Ao observar os trabalhadores de uma empresa, fica fácil constatar posturas viciosas e constantes dos funcionários, que podem causar uma sensação de peso e tensão em alguns grupos musculares. Quando intervimos com massagem, os resultados são sempre positivos.

Pemberton, Cajori e Crouter (1924) confirmam que massagem por fricção ou por vibração tem um efeito magnífico sobre os músculos, pois atua nos tecidos, produzindo uma melhora da circulação e um aumento na eliminação do ácido láctico que se acumula nos tecidos musculares.

Para Leitão (1970), com o intuito de se obter uma ideia mais clara do papel da massagem, devemos citar uma parte do trabalho de dois grandes fisiologistas, Best e Taylor, segundo os quais a fricção profunda causa uma dilatação capilar duradoura. Desse modo, as trocas gasosas no interior dos músculos são realizadas com maior facilidade, permitindo que o sangue arterial circule facilmente e com maior quantidade de oxigênio. Em virtude do maior aporte sanguíneo no interior do músculo e na superfície da pele, ocorre aumento na temperatura e consequente vasodilatação. Além disso, a massagem também desempenha papel importante nas trocas nutritivas e gasosas entre a corrente sanguínea e os tecidos, melhorando, assim, o metabolismo de todo o corpo.

Segundo Figueira (1979), massagem é o termo usado para indicar um conjunto de manipulações sistemáticas, científicas e corporais, podendo ser manual ou mecânica, com efeitos sobre os sistemas nervoso, muscular e circulatório. A massagem, hoje, é, também, uma terapia de alívio, podendo ser utilizada a qualquer momento, desde que feita com sabedoria.

As pessoas permitem serem tocadas, para que possam sentir o mundo à sua volta e perceber que estão vivas. A massagem é uma forma passiva de movimentar o corpo. Historicamente, esteve presente entre diversos grupos sociais, desde reis e rainhas até filósofos, frequentadores de saunas e atletas, mas, atualmente, faz parte do cotidiano de todos. No contexto mundial, é uma necessidade, por isso, encontramos inúmeras clínicas, academias e profissionais autônomos trabalhando com isso.

Encontramos, na massagem, um instrumento útil para a boa comunicação entre o corpo do massageado e sua mente. Autores modernos citam que a massagem não age apenas no corpo físico, mas, também, nos campos mental e espiritual.

Segundo Fritz (2016) o toque é a base de todo o trabalho de massagem. À prática de se utilizar várias formas de toques para atingir um resultado específico denominamos toque técnico.

Há uma intenção terapêutica no toque técnico, que pode ser classificado de duas maneiras:

- *Toque mecânico*: de resultado anatômico ou fisiológico específico. Por exemplo, massagem para aumentar a amplitude de movimento do ombro.
- *Toque expressivo*: suporte, comunicação e empatia. Por exemplo, massagem para o prazer e o relaxamento gerais, a fim de dar conforto ao cliente após um dia duro de trabalho.

Existe uma expressão que diz: "Os olhos precisam das mãos para confirmar a realidade". Pois bem, as mãos, por meio do toque, sempre nos orientarão não só sobre a realidade concreta do mundo material, como também sobre a realidade do mundo emocional.

2

Efeitos fisiológicos atribuídos à massagem

2.1 Efeitos fisiológicos da massagem

Os efeitos fisiológicos da massagem, segundo Figueira (1979), de modo geral, podem ser classificados em dois grupos: reflexos e mecânicos. Os efeitos reflexos são os que se manifestam no âmbito periférico, por exemplo, na pele e nos receptores periféricos que transmitem a sensação de prazer e de relaxamento. Os efeitos mecânicos manifestam-se na circulação sanguínea, tanto no retorno venoso e na circulação arterial quanto na circulação linfática, uma vez que a movimentação com maior força, durante as manipulações, obedece ao sentido centrípeto (da extremidade para o coração). Sobre os órgãos congestionados, a massagem atua diminuindo a congestão e produzindo maior sensação de alívio, pois as pessoas em estado de tensão não conseguem manter um equilíbrio entre os sistemas do organismo. Portanto, se tocadas com técnica, conseguirão recuperar o equilíbrio.

Para Giam e Teh (1989), os efeitos fisiológicos da massagem são:

- fortalecimento da pele mediante movimentos constantes e rítmicos;
- estimulação da circulação dos fluidos sanguíneos, como o sangue e a linfa;
- promoção da elasticidade mediante a manipulação dos tecidos corporais;
- redução dos problemas musculoesqueléticos, como rigidez e imobilidade articular, pelo aumento da elasticidade dos músculos;
- maior harmonia no funcionamento do sistema nervoso;
- aperfeiçoamento nas funções dos órgãos internos pela estimulação;

- aprimoramento do metabolismo global por meio de estimulação direta ou indireta das glândulas sem dutos ou glândulas hormonais;
- dispersão do ácido láctico acumulado nos tecidos corporais, evitando rigidez muscular.

Segundo Fritz (2016), os efeitos fisiológicos da massagem, estudados no Touch Research Institute da Escola de Medicina da Universidade de Miami, são:

- facilitação do crescimento;
- aumento da atenção e do aprendizado, tendo resultados positivos em pessoas com problemas de concentração, hiperatividade ou incapacidade de aprendizado;
- auxílio no desenvolvimento das atividades sociais;
- auxílio na superação de vícios, como o tabagismo;
- atenuação dos sintomas pré-menstruais;
- diminuição da pressão sanguínea;
- redução da ansiedade;
- diminuição dos níveis de hostilidade em indivíduos com hipertensão;
- diminuição do tempo de cálculo matemático e aumento do número de acertos, auxiliando o raciocínio lógico;
- melhora da preensão manual;
- redução do estresse.

Observando os efeitos fisiológicos citados, podemos perceber que a massagem é de grande importância em qualquer área e para os milhões de estressados no mundo.

Entretanto, encontramos diferentes opiniões sobre a prática da massagem antes, ao longo e depois da atividade física.

Segundo Oliveira (1987), do ponto de vista científico, a massagem antes do exercício não tem validade e, além disso, provoca relaxamento dos músculos quando eles não podem estar relaxados. Segundo os novos estudos científicos (Gallego e Crespo, 2000), a massagem tem se apresentado eficaz, aumentando o aporte sanguíneo para a musculatura que é solicitada durante uma atividade física ou treinamento específico, por exemplo, os atletas que são massageados antes de provas de natação, atletismo, boxe, entre outras.

Tendo-o como professor de Fisiologia durante a graduação, decidi estudar a massagem antes, ao longo e depois da prática desportiva, acompanhando treinamentos de equipes de diversos esportes. Os resultados de algumas dessas intervenções foram publicados como pesquisas científicas:

- *Influência da massagem na fadiga muscular* – Pesquisa realizada com atletas da Seleção Brasileira de Handebol que participaram dos Jogos Pan-Americanos no Canadá (São Paulo – SP, 1999).
- *Técnicas de massagem e sensibilização do ser humano* – Universidade do Oeste de Santa Catarina (Unoesc) (Chapecó – PR, 2001).
- *Influência da massagem e exercícios na disfunção da articulação temporomandibular* – Centro Universitário Adventista de São Paulo (Unasp) (São Paulo – SP, 2001).
- *Influência da massagem transversa profunda na fadiga muscular em atletas de basquetebol* (Unasp) (São Paulo – SP, 2001).

Por meio dessas pesquisas, concluímos que a massagem, quando aplicada antes de uma competição, deve ser suave, superficial, de curta duração e encerrada pelo menos trinta minutos antes do início da competição, pois tem seu efeito máximo vinte minutos após o encerramento da massagem. Se considerarmos esse tempo, ainda restarão dez minutos para concentração e aquecimento finais.

Existem inúmeras opiniões favoráveis sobre os efeitos da massagem, como a diminuição dos catabólicos eliminados após os exercícios e o aquecimento. A massagem contribui para a vasodilatação dos capilares, favorecendo o aquecimento local.

Varenne (1956), por sua vez, comenta que as massagens são verdadeiras terapias e, também, um complemento necessário na cultura física. A própria pessoa pode fazer massagens durante os exercícios, mas a massagem praticada por um profissional competente é o recurso mais indicado para complementá-los.

A atual popularidade da massagem pode ser explicada pela necessidade, cada vez mais presente, de um regresso aos valores naturais, como reconhecimento das condições altamente esgotantes da vida moderna. Por essa razão, traz ótimas sensações, não só para o desportista e o atleta, mas para todos os que se apresentam em estado de estresse.

Podemos perceber, com a globalização, que o crescimento da prática de exercícios e do número de praticantes de esportes tem levado às alterações na aptidão física e no perfil psicológico dos indivíduos que optam por tais atividades, melhorando a qualidade de vida. Contudo, a atividade física em excesso também pode provocar fadiga, estresse ou lesões. Nesse contexto, vale ressaltar a importância da massagem como um fator de equilíbrio para o restabelecimento do sistema metabólico orgânico e como um fator determinante para a diminuição da fadiga; portanto, a massagem é restauradora.

Para os não praticantes de atividade física, mas que vivem sob tensão diária em razão das profissões estressantes, a massagem, mesmo que dure minutos, pode alterar esse estado danoso ao organismo.

Segundo Tsuji, Curi e Burini (1993), em situação de repouso, o lactato é produzido em pequena quantidade; na atividade física, porém, os músculos esqueléticos produzem ácido láctico em maior quantidade, reaproveitando apenas parte para oxidação completa e produção de energia.

Quando a neoglicogênese não ocorre de forma que elimine todo o ácido láctico produzido pelos tecidos periféricos, o resultado é uma acidose láctica. O lactato, no exercício físico, funciona como agente vasodilatador muscular e estimulante da ventilação pulmonar e da frequência cardíaca, mas também é responsável pela fadiga muscular, impedindo a continuação do exercício a partir de um dado momento.

De acordo com Barbanti (1997), o acúmulo de ácido láctico no sangue e no músculo é o fator limitante mais comum da atividade muscular. Essa limitação é conhecida como fadiga, uma condição na qual o desempenho de certa quantidade de trabalho é conduzido de forma decrescente, inibindo as funções locomotoras e conduzindo a uma completa impotência muscular.

Para a Bioquímica, fadiga significa o acúmulo de ácido láctico nos músculos, impedindo a contratilidade. Tomemos como exemplo a natação, que é uma atividade desportiva, competitiva e de condicionamento. Sua prática pode resultar em lesões, e o praticante pode apresentar baixo rendimento em razão de uma fadiga muscular na região da cintura escapular, mais especificamente no ombro. Nesse caso, a massagem pode contribuir para a diminuição das lesões, a eliminação do ácido láctico e a melhora das trocas metabólicas das células musculares.

Um operário, um executivo ou aquela jovem atrás do balcão da loja, todos, em diferentes graus, produzem toxinas em suas musculaturas; caso não haja uma atividade física adequada para eliminá-las, essas toxinas poderão sofrer uma redução considerável por meio da massagem.

Traçando um paralelo entre a massagem em um atleta em período de treinamento e em um trabalhador em sua rotina profissional, chegamos às conclusões a seguir expostas.

Sua aplicação é indispensável no esporte, e seu efeito se dá de acordo com o período de treinamento em que o atleta se encontra. Grandes equipes olímpicas, como a dos americanos, dos australianos, dos russos ou dos franceses, têm a massagem como aliada.

A massagem desportiva pode ser dividida em três tempos ou períodos distintos:

- antes de iniciar o treinamento;
- durante o treinamento;
- após o treinamento.

Já um trabalhador em seu posto de trabalho poderia ser submetido a sessões de massagem:

- antes do trabalho;
- durante o trabalho;
- após o trabalho.

Nesse caso, conhecendo os efeitos fisiológicos da massagem, o trabalhador deve iniciar suas atividades do dia tendo feito antes uma massagem curta, suave e superficial.

Assim, graças ao estímulo de todas as terminações nervosas, ocorrerá melhora no nível de atenção e aumento da circulação periférica e da sensibilidade tátil; dessa maneira, esse profissional produzirá mais e com mais segurança.

Durante a atividade profissional, a massagem deverá ser curta e suave no início; posteriormente, a pressão deve aumentar, e, no final, deve voltar a ser suave. Após essa massagem, o nível de atenção aumenta, a sensação de fadiga muscular diminui, e a respiração e a circulação fluem melhor.

Depois do expediente, o trabalhador poderá se submeter às sessões de massagem profunda e prolongada. Essa massagem terá um efeito revigorante, provocando sensação de leveza e preparando todo o organismo para um descanso noturno recuperador.

Quadro 2.1 – Efeitos fisiológicos da massagem comprovados por estudos

- Relaxamento muscular.
- Eliminação dos catabólicos.
- Diminuição da fadiga muscular.
- Melhora da viscosidade entre as fáscias.
- Estimulação da produção de elastina e de colágeno.
- Melhora da circulação arterial e da venosa.
- Estimulação da atividade metabólica intersticial.
- Amaciamento da pele, deixando-a mais fina e brilhante.
- Diminuição das aderências cutâneas.
- Aumento das trocas metabólicas e energéticas.
- Aumento do limiar de sensibilidade fina.
- Ação sedativa e analgésica.
- Aceleração do fluxo de retorno linfático.
- Esvaziamento do estômago.
- Estimulação do trânsito gastroduodenal.
- Estimulação do peristaltismo.
- Ação sobre obstrução brônquica.
- Contribuição para a construção do "eu" corporal.
- Aumento da consciência corporal.
- Favorecimento de um melhor alongamento da musculatura.
- Possibilidade de um maior movimento articular.
- Auxílio na recuperação de lesões.
- Produção de benefícios emocionais.
- Contribuição na produção de endorfinas.
- Auxílio no aumento da resistência do organismo.
- Diminuição da espessura do tecido conjuntivo.
- Equilíbrio entre os sistemas simpático e parassimpático.

2.2 Entendendo o estresse

O estresse, como um mecanismo estimulador, não é agressivo, desde que dentro da normalidade e no limiar de tolerância de cada indivíduo.

Quando ocorre um desequilíbrio no processo estímulo-resposta, a adaptação do organismo passa de um patamar de equilíbrio para um de alarme, resistência e esgotamento, o que pode ser prejudicial ao organismo. No entanto, isso não ocorre quando respeitamos leis naturais, como:

- servir-se bem com alimentos nutritivos e grande proporção de frutas, legumes e verduras, evitando ao máximo produtos industrializados;
- praticar atividade física rotineiramente, com acompanhamento profissional adequado, respeitando os próprios limites;
- tomar banhos de sol sempre nos períodos do início da manhã e do fim da tarde;
- conscientizar-se da importância da respiração e de respirar ar puro;
- evitar substâncias danosas ao organismo, como cigarro e bebidas alcoólicas;
- beber bastante água diariamente;
- tomar banhos diariamente, tocando e estimulando todas as partes do corpo, percebendo sua condição;
- manter, ainda que com muito esforço e treinamento, um espírito calmo;
- respeitar a natureza, vivendo e aprendendo com ela.

O estresse é a situação em que um agente estressor produz uma reação no corpo e na mente para adaptação do organismo. Ocorrendo essa adaptação, podemos afirmar que o agente estressor foi leve e positivo.

Quando a adaptação é demorada, mas ocorre, podemos afirmar que o agente estressor foi alto e positivo. Entretanto, quando não ocorre essa adaptação, dizemos que o agente estressor foi alto e negativo, ou seja, reações negativas e nocivas ao organismo podem ocorrer, sendo, muitas vezes, irreversíveis.

Agente estressor é qualquer circunstância que amedronte, confunda ou excite um indivíduo. Segundo Lipp e Rocha (1994), essas circunstâncias podem ser intrínsecas e extrínsecas. Fatores naturais, como frio e calor excessivos, fome, dor ou morte de alguém querido, podem ser intrinsecamente estressantes. Outros eventos, por sua vez, tornam-se estressantes em consequência da interpretação danosa que é feita deles. Por exemplo, fazer uma prova pode ser muito estressante para uma pessoa que sente a obrigação de ser aprovada; mas pode, também, não causar nenhum estresse para uma pessoa que a vê como algo positivo ou inofensivo. A interpretação dada a uma situação de estresse pode ser positiva ou negativa.

Contudo, o estresse não pode ser totalmente eliminado de nossas vidas; ele é necessário para se levar uma vida normal. Podemos afirmar que, atualmente, as consequências do estresse são muito mais conhecidas do que sua própria definição. O estresse nada mais é que uma reação do organismo a qualquer evento real ou imaginário que exija uma resposta adaptativa para manter o organismo calmo e equilibrado ou em estado de tensão. Os sistemas endócrino, metabólico, cardiovascular, imunológico, gastrintestinal e, até mesmo, nossas estruturas musculares e ósseas estão envolvidos nesse mecanismo de estímulo-resposta do estresse.

2.3 Efeitos fisiológicos do estresse

Diversos estudos classificam o estresse em três fases: do alarme, da resistência e de esgotamento (Zular, 2000). No entanto, essas fases podem ir desde uma leve palpitação no peito até um infarto no miocárdio, dependendo do que gerou o estresse e do nível de tolerância do indivíduo a ele.

Normalmente, algumas reações seguem um padrão, como foi citado por Lipp e Rocha (1994) e, também, por Zular (2000). No entanto, adaptamos nesta sequência:

- *Fase do alarme ou alerta*:
  - extremidades frias;
  - boca seca;

- pressão no estômago;
- aumento súbito da pressão arterial;
- hiperventilação;
- taquicardia;
- mal-estar geral;
- respiração curta;
- falta de ar;
- tremores nas mãos;
- dores no pescoço;
- dores nas costas;
- dores nas pernas;
- contrações musculares;
- fome impulsiva;
- emagrecimento;
- aumento de peso;
- gripes e resfriados constantes;
- azia;
- náusea;
- insônia;
- ranger dos dentes;
- aumento da frequência cardíaca.

- *Fase da resistência*:
  - cansaço constante;
  - dificuldades de memória;
  - dúvidas quanto a si mesmo;
  - dificuldades de concentração;
  - herpes simples;
  - falta de interesse sexual;
  - problemas estomacais;
  - hipersensibilidade emotiva;
  - tontura constante;

- apatia;
- sonolência exagerada durante o dia;
- acordar várias vezes durante a noite;
- dificuldade para pegar no sono;
- acordar e não conseguir dormir mais;
- dores constantes na nuca;
- dores nos braços;
- desânimo;
- depressão.

- *Fase de esgotamento ou exaustão*:
  - problemas sérios de digestão;
  - hipertensão crônica;
  - problemas dermatológicos;
  - inabilidade para trabalhar;
  - ejaculação precoce;
  - impotência;
  - alteração menstrual;
  - perda da criatividade;
  - acessos de raiva com pessoas próximas;
  - irritabilidade muito grande;
  - medos e ansiedade;
  - falta de energia completa;
  - dificuldade de concentração.

3

Movimentos da massagem

As técnicas básicas da massagem clássica são conhecidas como movimentos básicos da massagem sueca e são divididas em cinco partes:

- deslizamento;
- fricção;
- vibração;
- percussão;
- amassamento.

Os efeitos fisiológicos do deslizamento, da fricção, da vibração, da percussão e do amassamento estão descritos no Quadro 3.1, segundo a visão de Figueira (1979).

Quadro 3.1 – Efeitos fisiológicos do deslizamento, da fricção, da vibração, da percussão e do amassamento

Deslizamento	Ação mecânica sobre a pele; desobstrui os poros; melhora a circulação cutânea; aumenta a temperatura local; exerce efeito calmante sobre os filetes nervosos e é de profundo auxílio à circulação do retorno venoso, liberando resíduos nos espaços intercelulares.
Fricção	Aquece; produz grande fluxo sanguíneo na superfície da pele, deixando-a com hipertermia (avermelhada) e facilitando a absorção de produtos de uso tópico.
Vibração	Estimula a atividade dos músculos; atenua a hiperexcitabilidade dos nervos; diminui a frequência do pulso e eleva, por via vasomotora, a tensão arterial.
Percussão	Provoca o fluxo do sangue; aumenta a atividade dos vasos superficiais e profundos; excita as contrações musculares e estimula fisiologicamente os músculos.
Amassamento	Distende os músculos e tendões retraídos; aumenta a energia da fibra muscular; abranda aderências e cicatrizes; ativa a circulação local e melhora a nutrição muscular.

Fonte: Figueira (1979).

3.1 Massagem antiestresse

A massagem antiestresse é uma técnica manual de toques metódicos com a finalidade de diminuir as tensões musculoesqueléticas, proporcionando bem-estar físico e mental. Consequentemente, terá efeito terapêutico, em razão da eliminação dos catabólicos formados nos músculos, produzirá melhor condutividade elétrica no sistema nervoso periférico, facilitará a circulação de retorno venoso e proporcionará melhor irrigação sanguínea arterial.

Hoje, já encontramos nas empresas massoterapeutas com mesa de massagem portátil ou cadeira especial para massagem e manipulação. Feiras, eventos e *shoppings centers* mantêm seus espaços reservados para algumas técnicas de massagem como: *shiatsu express*; *quick massage*; massagem-minuto; *fast massage*; massagem *anma*; massagem executiva; massagem rápida; entre outras. Todos os clubes esportivos mantêm seu departamento médico com massagista de plantão.

Para atender ao público do meio aquático, foi desenvolvida a massagem aquática Nessi, com participação especial do professor Paulo Henrique Marchetti. A massagem aquática Nessi vem preencher uma lacuna em atividades na água. Depois de muitos anos de estudos, levantando dados e pesquisando os efeitos da massagem e da água no corpo, percebi que pouco foi feito nessa área. Nas clínicas, nos clubes e nos cursos com os meus alunos, fui desenvolvendo e estruturando a técnica da massagem aquática Nessi. Essa técnica, mais bem abordada futuramente, auxiliará tanto educadores físicos como fisioterapeutas.

Fortalecer o estilo de vida é melhorar certos hábitos e certas posturas do dia a dia. Exemplos próximos do ideal seriam: alimentação adequada, prática regular de exercício físico, maior contato com a natureza, equilíbrio entre trabalho e repouso, abstinência de substâncias tóxicas, bom convívio familiar, dar pelo menos dez abraços por dia, receber massagem a cada sete dias e confiar muito em Deus.

A não alteração de hábitos inadequados pode trazer danos à nossa saúde, como: infarto do miocárdio, hipertensão, asma, enxaqueca, úlceras, esgotamento, depressão, angústia, insônia, obesidade, vícios etc.

A massagem antiestresse faz o aluno ou o cliente perceber como realmente está o seu corpo e a sua estrutura mental. Aos poucos, é possível facilitar as mudanças necessárias para se viver melhor, colocando a massagem e a atividade física na rotina dessa pessoa.

Durante o trabalho da massagem antiestresse, é possível orientar o aluno ou o cliente sobre os maus hábitos e as substâncias que pioram a percepção do corpo e promovem o estresse: fumo, álcool, drogas ilícitas, café, açúcar, carne vermelha, pimenta, vinagre, frituras, gorduras etc.

É fácil perceber quando alguém está estressado. Normalmente, o estressado irrita-se com tudo, fala palavrões, é violento, não leva desaforo para casa, é impulsivo ou não reage, mas se corrói por dentro; ao passo que o não estressado ignora, supera, tem paciência, perdoa, pensa e tenta o diálogo. Por meio de movimentos suaves, acompanhados de música adequada (como as instrumentais), podemos promover o relaxamento e resgatar o estado de equilíbrio perdido por causa do estresse e da agitação do dia a dia.

Você deve estar se perguntando: será possível eliminar o estresse apenas com massagem? Respondo que, após mais de 70 mil massagens, por meio do levantamento realizado nas clínicas e nos clubes em que prestei serviços de massoterapia, a massagem pode ser o instrumento ideal na diminuição e na eliminação do estresse. Novamente, recordo que o estresse sempre vai estar presente na vida do cliente, de forma positiva ou negativa.

3.2 Plano de ação antiestresse

- Estabeleça suas prioridades. Não se esqueça de sua saúde. Mantenha o equilíbrio entre os deveres e as tarefas relevantes do seu dia a dia.
- Delegue autoridade e responsabilidade. Não espere fazer tudo sozinho. “Super-homens” costumam ter “superestresses”.
- Procure eliminar atividades desnecessárias. Às vezes, para obter sucesso ou reconhecimento, as pessoas desenvolvem atividades que produzem excesso de tensão. Elimine o supérfluo e guarde o que de fato é necessário.
- Mantenha a boa condição física. Caminhar é o melhor exercício antiestresse. Além da caminhada, você também pode praticar as atividades físicas

que mais lhe agradem, desde que não sejam estressantes, pois toda atividade deve ser prazerosa.

- Cultive alguma forma de recreação, procurando algo que seja bem distinto do seu trabalho habitual. Esse é o momento de reatar laços que estão se desfazendo com amigos e familiares, buscando atividades que estimulem sua alegria e felicidade. Brinque, corra, sorria. As crianças são ótimas orientadoras; deixe a criança que existe dentro de você brincar.
- Impeça que as tarefas e as preocupações do emprego sejam levadas para o seu lar. Caso necessite levar serviço para casa, administre seu tempo da melhor forma possível, pois o tempo tirado do lazer e de seus familiares fará falta mais tarde.
- Procure relaxar, preserve trinta minutos diários para uma boa leitura, ouça suas músicas prediletas. Banhos mornos com perfumes suaves, chá de camomila, valerianas e suco de maracujá ajudam muito a encontrar respostas para o que procuramos. Durante a minha permanência na Suíça, trabalhei um tempo com crianças miopáticas. Aplicava massagens nas pernas e as colocava na sauna; depois, elas desciam por uma rampa e caíam sobre a neve. Esse processo foi repetido inúmeras vezes, até o dia em que eu contraí meningite. Fui parar no hospital com a face esquerda do rosto, a perna e o braço direitos paralisados. Comecei, então, a trabalhar com componentes eletrônicos e como aparador de rosas. No final do expediente, sempre tomava meu chá de pétalas de rosas, um banho morno e descansava por trinta minutos. Aos poucos, fui me recuperando, e esses trinta minutos diários foram muito produtivos, pois estudava mais sobre a massagem e seus efeitos.
- Tenha contato com o verde. Um passeio junto da natureza, num parque, de preferência fora da cidade, é uma boa forma de neutralizar o estresse. Em Genebra, morei com um senhor suíço chamado Peter, que, naquela época, tinha 102 anos. Ele era muito comunicativo e adorava massagens. Costumava acordar sempre às quatro horas da manhã para fazer sua atividade física. Também morei numa clínica em Itapecerica da Serra (SP), cujo diretor – e grande amigo –, Hellmut Nassau Wolf, aos 83 anos, acordava no mesmo horário para meditar e caminhar no bosque.

- Viva a vida. Esse é um item muito pessoal, pois cada um sabe como viver bem e melhor conforme as possibilidades. Porém, é necessário um amadurecimento para saber equilibrar o trabalho e o prazer de viver. Durante meus longos anos de trabalho com massagem, conheci duas pessoas que vivem intensamente. A primeira, Alberto Pacífico, um amigo que cursou o ensino médio comigo e que reencontrei após alguns anos, estava numa cama, na clínica onde eu trabalhava, quando entrei no quarto, sem saber de quem se tratava. Lá estava meu amigo, atropelado e com fraturas na região cervical, impossibilitado de andar. Trabalhamos intensamente para recuperar sua sensibilidade, para recuperar o controle do esfíncter e para aumentar o volume muscular. Independentemente do acidente, cada minuto para ele era especial, pois sempre afirmava que deveríamos viver melhor conforme as nossas possibilidades. Hoje, é um grande empresário. Outra grande experiência foi conhecer, durante o trabalho de massagem, o senhor Osni Louzada, desenganado pelos médicos em razão de uma cirrose hepática. Ele trabalhava na Usiminas, em Ipatinga (MG), e após longos meses de tratamento incluindo massagem, hidroterapia e alimentação natural, tornou-se um novo homem, alegre e cheio de vida. Com o meu auxílio, construiu a clínica de medicina natural Naturaclin, em Ipatinga. Seu jeito sempre agradecido e entusiasmado contagiou todos.
- Enfrente as dificuldades da vida sempre com bom senso, coragem, bom humor e, acima de tudo, companheirismo. Sempre conto em meus cursos que, durante as Olimpíadas Especiais nos Estados Unidos, nove atletas com deficiência física e mental alinhavam-se para uma corrida de cem metros. Ao som do tiro de largada, saíram em velocidades diferentes, porém, com o mesmo objetivo: terminar a prova. No entanto, quando um garoto tropeçou, caiu e começou a chorar, uma menina com síndrome de Down voltou, ajoelhou-se perto do garoto, deu-lhe um beijo e disse: "*Pronto, vai sarar*". Todos se abraçaram e terminaram a corrida juntos. O mais importante não é ganhar a corrida sozinho, mas, sim, parar e mudar de curso para auxiliar alguém e atingir um objetivo comum.
- Pense, medite, descanse adequadamente. Acredite e confie em Deus. Tenha sempre uma comunicação com Ele. Não importa quando, mas sempre, em algum momento do dia, devemos parar e falar com Deus.

- Faça sempre uma automassagem, uma massagem antiestresse corporal completa uma vez por semana e a massagem aquática Nessi duas vezes por semana. Lembre-se: estar relaxado e ter paixão pelo que faz é a fonte de energia para poder criar e construir.
- Levante sempre cedo, trabalhe duro e mantenha-se firme aos seus propósitos, pois isso só resultará em sucesso, com equilíbrio e sem estresse.

3.3 Preparação para a massagem antiestresse

A massagem antiestresse é considerada uma arte, pois utiliza a habilidade e a delicadeza do profissional, por movimentos coordenados e rítmicos, com manipulações profundas e suaves, consequentemente, dando um efeito máximo sobre o corpo do cliente. Trata-se de uma técnica rica, com todos os movimentos da massagem clássica sueca, combinados com os movimentos da massagem Hoffa e da massagem oriental.

Caso mantenha uma clínica em funcionamento, devem-se respeitar as normas da vigilância sanitária, devendo a clínica ser vistoriada por um agente habilitado a orientar quanto às instalações e ter a supervisão de um bom fisioterapeuta, devidamente em dia com sua documentação, como o registro no Conselho Regional de Fisioterapia e Terapia Ocupacional (Crefito). Se for uma academia, os professores deverão manter em dia seus documentos profissionais, como o registro no Conselho Regional de Educação Física (Cref). Conheça seu conselho profissional e seu código de ética. Respeite sempre as normas estabelecidas pelo seu conselho de ética profissional. Visite, também, diversos profissionais que trabalhem com massagem e conheça outras técnicas.

Antes que o cliente chegue à academia, à clínica ou ao espaço em que será realizada a massagem, o ambiente deve ser preparado com uma música suave, ou a gosto do cliente, e o local deve ser tranquilo, confortável e alegre. Para tanto, é fundamental que o profissional também esteja alegre e bem consigo mesmo. Um ar alegre e uma boa comunicação facilitam a interação com o cliente, que terá prazer em ser atendido.

A atenção para o aspecto pessoal – higiene e cuidados com unhas e mãos – é importante, pois é o seu cartão de visitas. As mãos devem ser lavadas antes e depois de cada massagem aplicada. Mantenha-as aquecidas utilizando sempre água quente para a lavagem e cobertas com luvas quando estiver frio. Os cabelos compridos devem ser presos; maquiagem deve ser evitada; joias e relógios devem ser retirados do profissional e do cliente, pois podem machucar tanto um como outro.

Antes de começar a trabalhar, faça exercícios de fricção e de tração, para preparar suas mãos. Durante a massagem, os movimentos não devem forçar as articulações, mas ser amplos, firmes e de execução agradável.

O espaço para a prática da massagem deve ser amplo e confortável. A mesa segue um padrão de medida. Para saber qual é exatamente, fique em pé, com os braços relaxados, a mão direita em dorsiflexão, e a palma da mão voltada para baixo, horizontalmente. A linha da palma da mão é a altura ideal da mesa.

Caso deseje trabalhar com colchonete, sempre use toalhas ou lençóis limpos. É importante sempre utilizar o corpo durante a massagem, respeitando os princípios da biomecânica corporal.

A mesa de massagem ou a cadeira para massagem rápida deve estar em um local onde o profissional possa trabalhar em todas as posições e regiões anatômicas do cliente; a circulação deve estar livre para executar uma boa massagem.

É importante ter uma mesa ou uma pequena prateleira para colocar seu material auxiliar, como óleo, creme, toalhas e blocos de anotação, bem como um local para colocar os pertences que o cliente vai deixar sob seus cuidados enquanto faz a massagem. Evite aromas fortes; incensos também não são aconselháveis. Se o óleo usado na massagem for perfumado, deverá ser o mais suave possível, para produzir um melhor efeito antiestresse.

Sempre que trabalhar sobre uma mesa, providencie apoios de espuma ou pequenas almofadas para apoiar o cliente de forma bastante confortável. Caso ocorra algum desconforto, corrija; do contrário, ao término da massagem, o que deveria ser agradável passa a ter o efeito contrário.

Em ambientes abertos (escritórios ou setores de produção), ao aplicar a massagem, tente manter os olhos do cliente fechados – pode ser colocada uma pequena toalha sobre os olhos. A utilização de uma toalha úmida sobre os olhos favorece o relaxamento, uma discreta diminuição da circulação sanguínea local e uma menor tensão dos músculos oculares.

4

Sequência da massagem antiestresse

4.1 Cliente em decúbito ventral sobre mesa de massagem ou colchonete

4.1.1 Sem uso de óleo ou de creme

Posicionamento do cliente

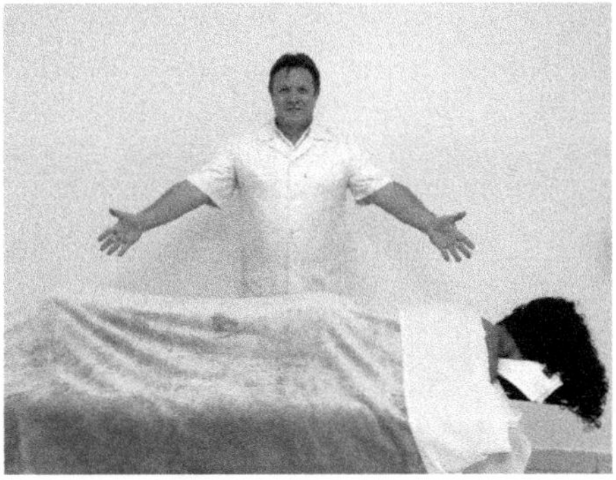

Posicionar o cliente de forma confortável, em decúbito ventral, com apoio de espuma para o rosto alinhado à coluna vertebral (algumas mesas já adaptadas têm um espaço adequado para colocar o rosto). Colocar, também, apoios para os pés, diminuindo a extensão dos joelhos, e para a cintura pélvica, diminuindo a curvatura lombar.

Aquecimento das mãos

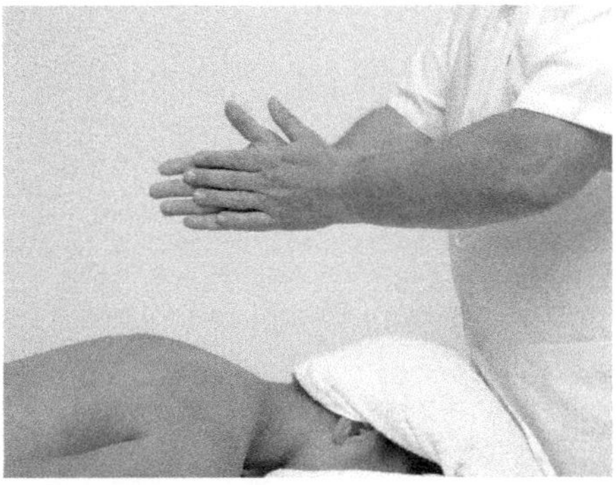

Cobrir a região que não será massageada com um lençol, ou até mesmo com um cobertor, em dias mais frios, deixando somente as costas e a região posterior dos braços expostas. Com movimentos de fricção, aquecer as mãos, até ficarem numa temperatura agradável.

Posição das mãos no cliente

Colocar as mãos sobre as costas e as escápulas do massageado e mantê-las ali por alguns segundos, até que a temperatura da região anatômica a ser trabalhada se aproxime da temperatura de suas mãos, e vice-versa. Prestar bastante atenção a todas as posturas enquanto faz a massagem: devem ser confortáveis, em que você usa o seu próprio corpo para executar algumas técnicas.

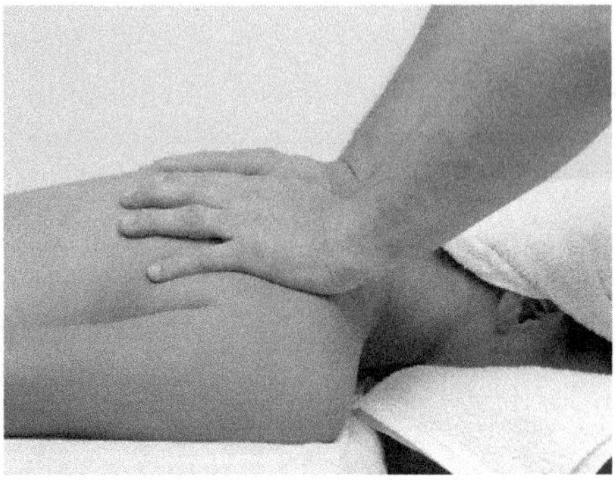

Movimentos circulares na cintura escapular

Com as mãos sobre a cintura escapular e os dedos entreabertos, totalmente em contato com a região, fazer movimentos circulares para a direita, pressionando suavemente enquanto movimenta as mãos. Essa pressão não é feita com a força dos braços, mas, sim, com o peso do corpo sobre eles. Repetir o movimento para a esquerda.

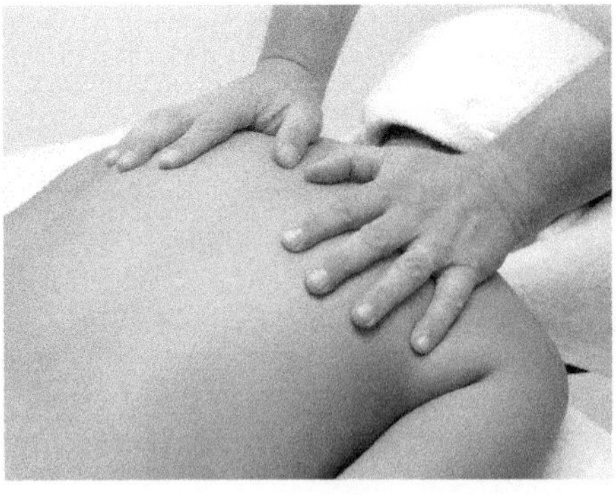

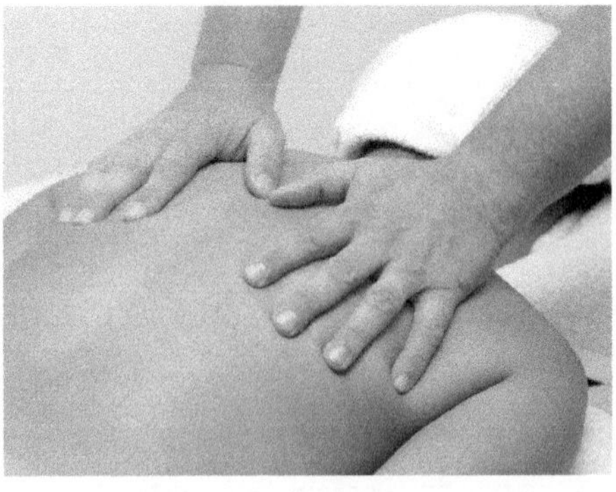

Balanço do tronco

Colocar a mão direita espalmada sobre a região lombossacral, e a mão esquerda sobre a região cervicotorácica. Fazer movimentos circulares para a direita, iniciando com movimentos suaves, e aumentar para um movimento mais rítmico, com balanços. Repetir o movimento para o lado esquerdo. Nesse momento, o cliente já estará respirando no mesmo ritmo da massagem.

Balançar o corpo produz efeitos químicos e reflexos. Uma comunicação rápida entre o corpo e o cerebelo gera uma sensação de calma.

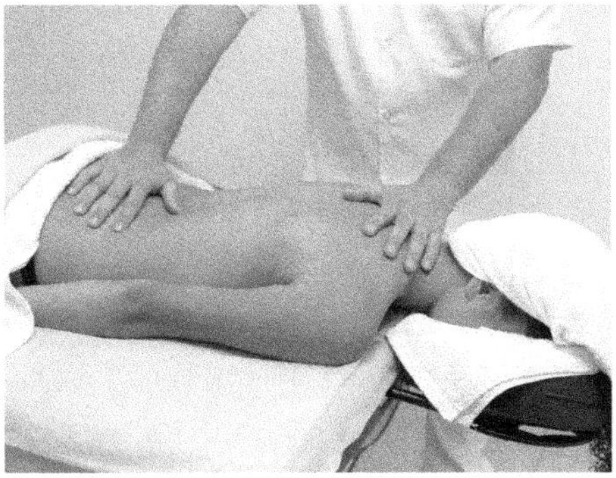

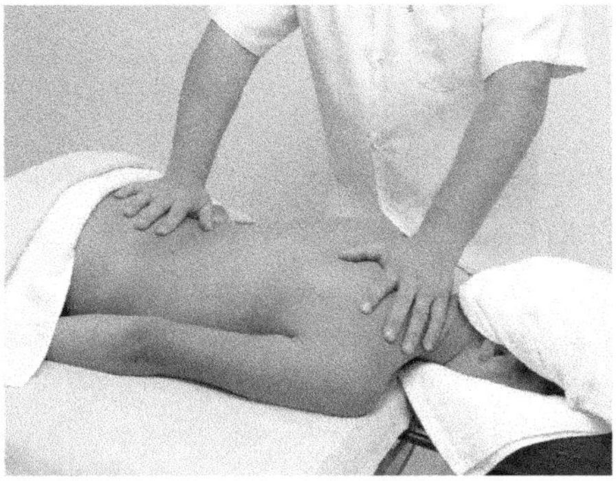

Abertura interarticular da região cervical

Ao lado esquerdo do cliente, posicionar os braços, formando um "X" – a mão direita ficará sobre a região da linha nucal, e a esquerda, sobre a região cervicotorácica. Com movimentos suaves, aplicar pouca força, movimentando as mãos em direções opostas, aumentando, assim, a mobilidade articular da região e trabalhando os músculos mais profundos.

As estruturas articular e periarticular da coluna cervical superior são intensamente revestidas por mecanorreceptores e nociceptores. Qualquer disfunção nessa região pode resultar em alteração da estimulação aferente por parte desses receptores, o que, consequentemente, trará uma alteração no sistema musculoesquelético. Poderão aparecer manifestações locais ou distantes, consequentes da alteração na região cervical. Isso é muito comum em pessoas que mantêm a mesma postura por longas horas, como digitadores e outros profissionais que trabalham sentados.

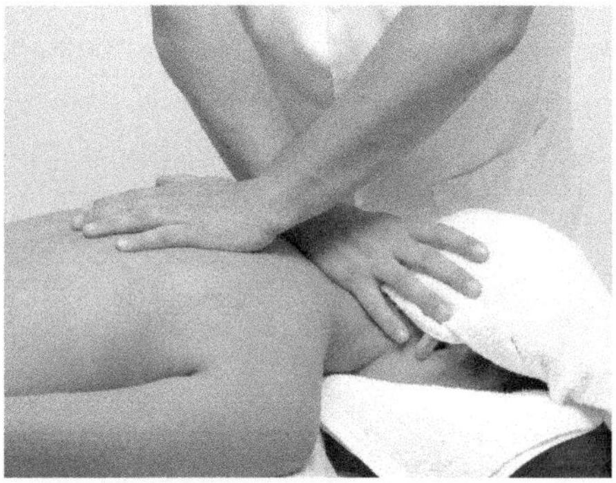

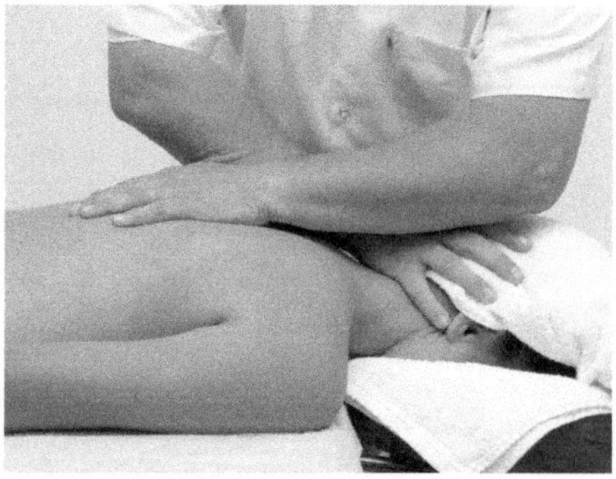

Abertura da região toracolombar

Com o mesmo posicionamento corporal do exercício anterior, manter os braços cruzados, colocando a mão direita sobre a região torácica média, e a mão esquerda sobre a região toracolombar. Com bastante suavidade, aplicar a força nas mãos em direções opostas.

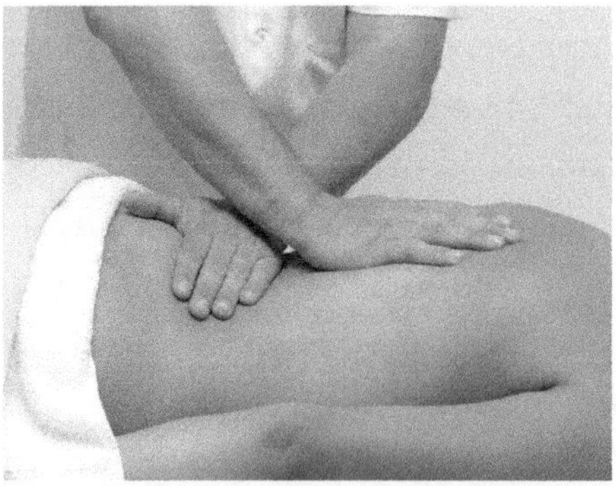

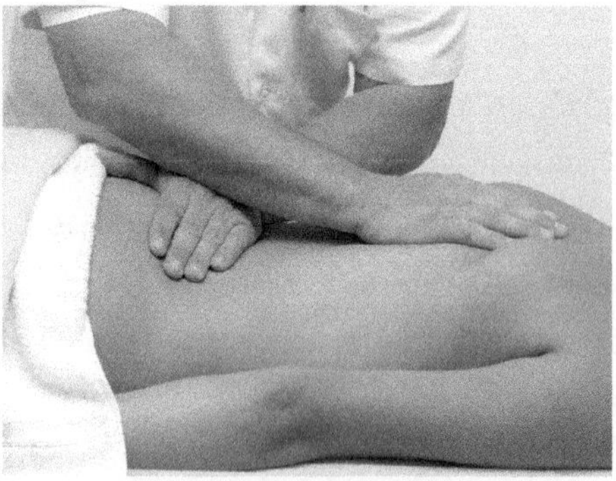

Abertura da região lombossacral

Ainda com os braços cruzados, posicionar a mão direita sobre as últimas vértebras torácicas e a mão esquerda transversalmente sobre a região sacra. Executar o movimento de forma suave e em direções opostas.

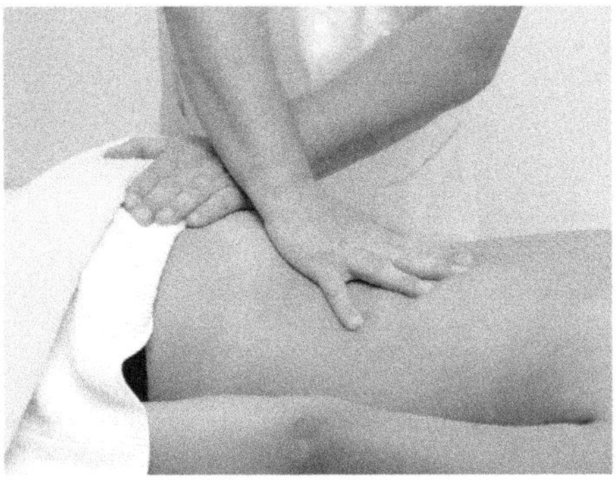

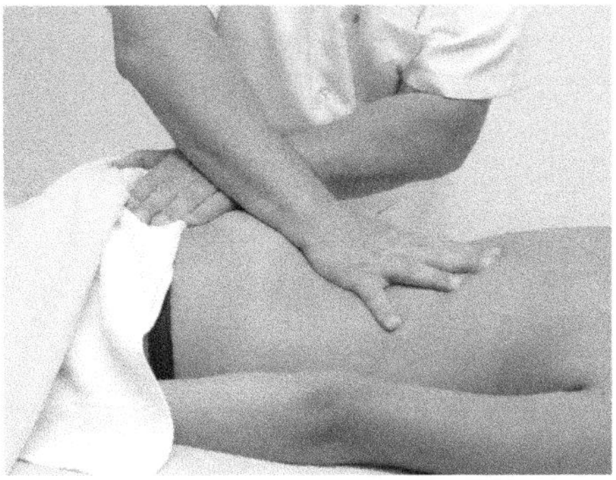

Alongamento dos músculos do pescoço

Próximo da cabeça do cliente, colocar a mão esquerda na região temporal e a direita sobre a escápula direita, aplicando um movimento suave, alongando os músculos da região posterior do pescoço. Repetir o movimento, colocando a mão direita sobre a região temporal e a esquerda sobre a escápula esquerda.

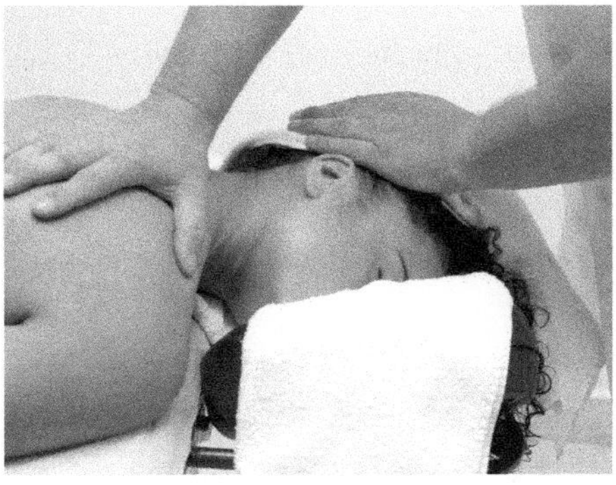

Pontos de pressão no trapézio

Com os polegares, um de cada lado, aplicar uma pressão que seja tolerável, fazendo a musculatura do trapézio relaxar aos poucos. Esse ponto deve ser trabalhado por cerca de três minutos, seguido de um massageamento circular com os polegares. Essa massagem com os pontos de pressão no trapézio produzirá um efeito de analgesia da região, favorecendo um maior relaxamento muscular.

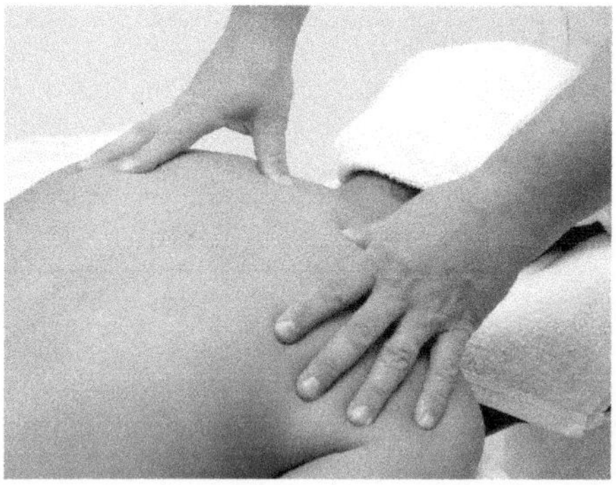

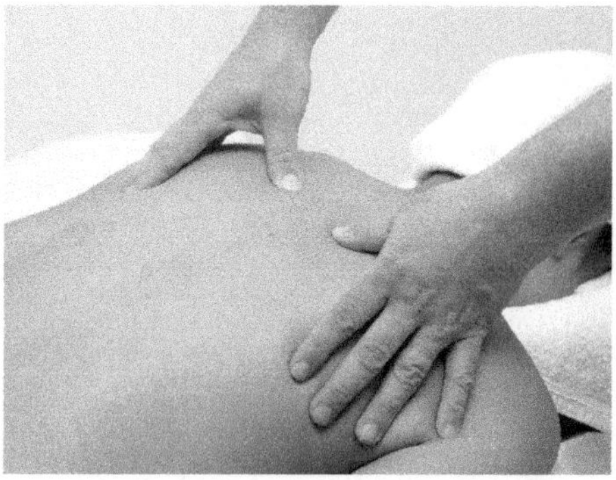

Pontos de pressão sobre o redondo menor e o maior

Manter-se ao lado do cliente, aplicando pontos de pressão sobre o plexo braquial, localizado entre a borda lateral da escápula e a tuberosidade deltoide do úmero. Manter esse ponto de pressão por três minutos, aproximadamente, após fazer uma massagem com os polegares.

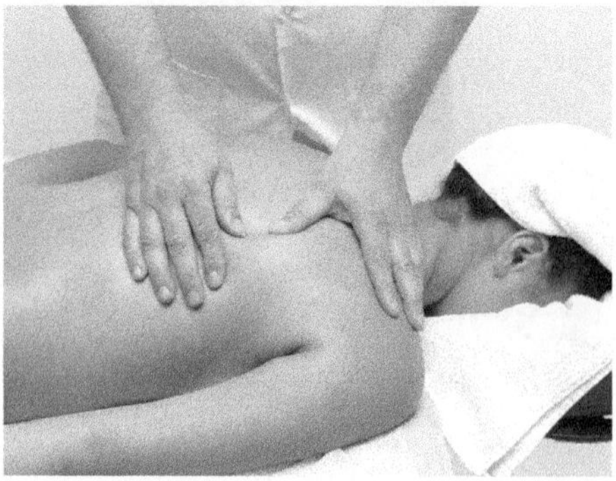

Descolamento longitudinal sentido pele-craniossacral

O descolamento de pele é realizado para favorecer mais a circulação periférica, diminuir a tensão e aumentar a elasticidade da pele. Esse descolamento deve ser feito simetricamente em cada lado do corpo, para que ocorra a frouxidão normal da pele e da fáscia subcutânea. Durante o processo de descolamento de pele, podem-se perceber alguns nódulos abaixo dela, mas não os pressione, pois pode ser alteração da inervação dermatonal em virtude das disfunções no nível do eixo vertebral. Se necessário, procure fazer uma avaliação mais profunda. Fazer os movimentos em três linhas longitudinais paralelas à coluna vertebral, repetindo três vezes cada linha.

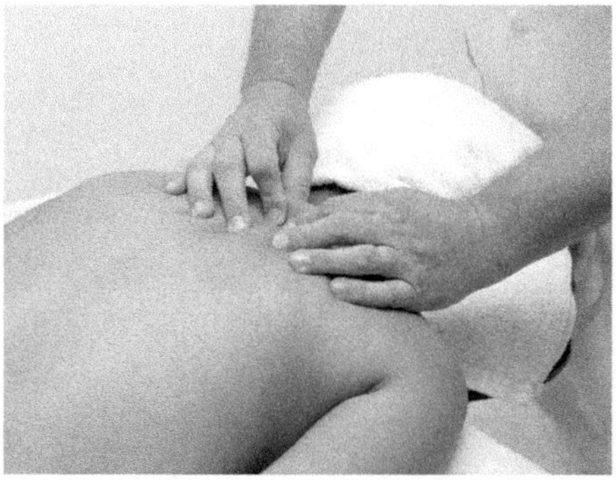

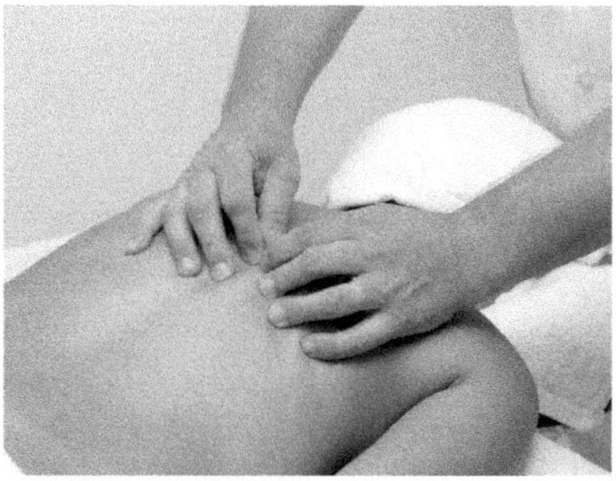

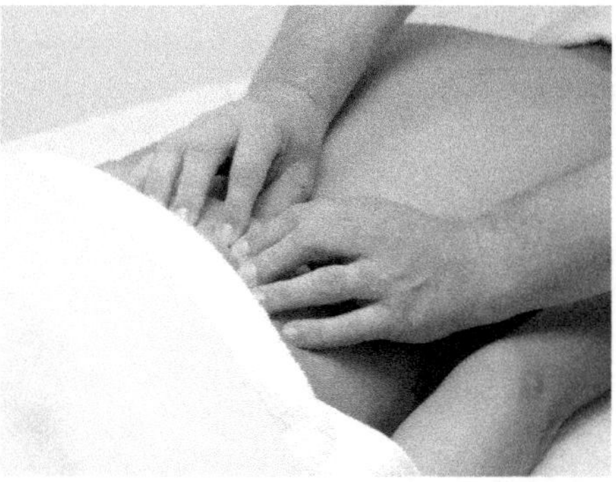

Descolamento sobre a coluna vertebral

"Andar" com os dedos pararelos à coluna, numa linha longitudinal. Em alguns pontos, essa prega será muito difícil de manter, por isso, você deverá formar uma nova prega a partir do ponto em que parou.

A ênfase desse movimento está na musculatura paravertebral, e o descolamento de pele é feito com a formação de uma prega entre os polegares e os demais dedos. Em seguida, faz-se um descolamento sobre a coluna vertebral.

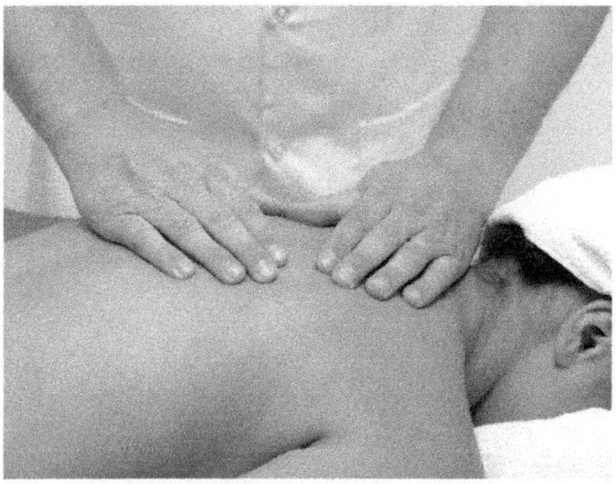
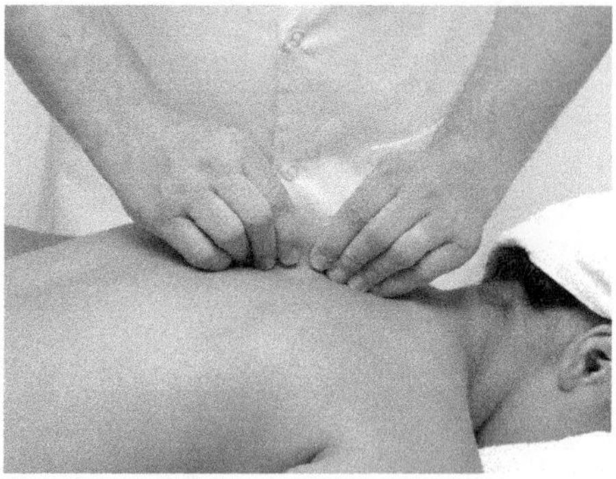

Descolamento intercostal

Esse movimento desenhará cada costela, trabalhando principalmente a musculatura dorsal e a intercostal. Trabalhar primeiro sobre o lado direito e, depois, repetir o movimento do lado esquerdo.

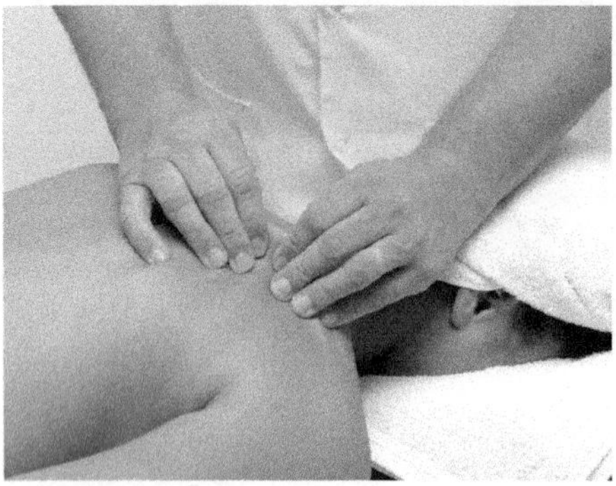
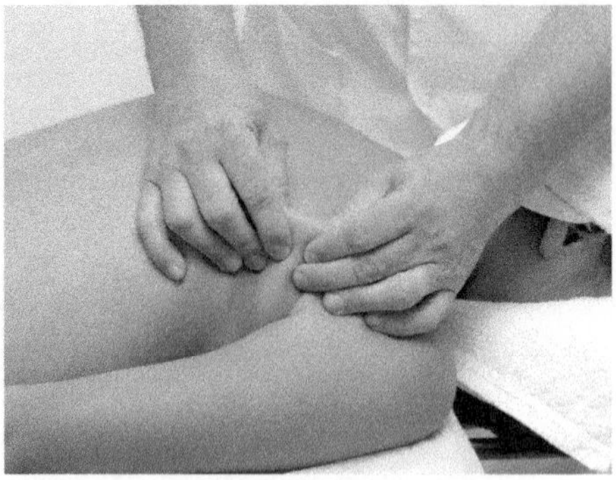

Descolamento lombar

Um trabalho transversal que atua, também, de forma reflexa sobre os órgãos internos. Sua ação não se limita somente à pele, mas abrange estruturas mais profundas, como as aponeuroses.

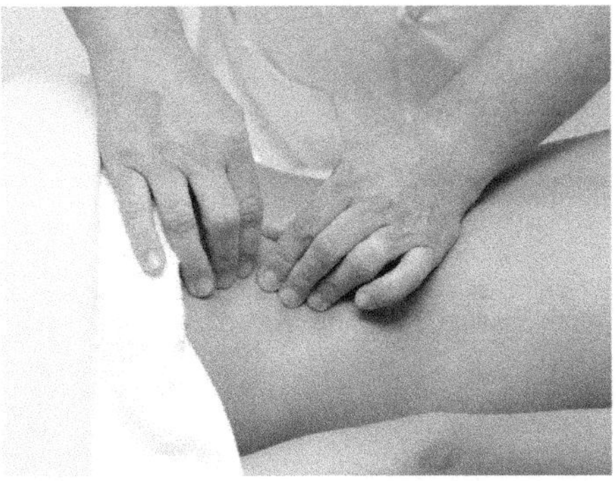

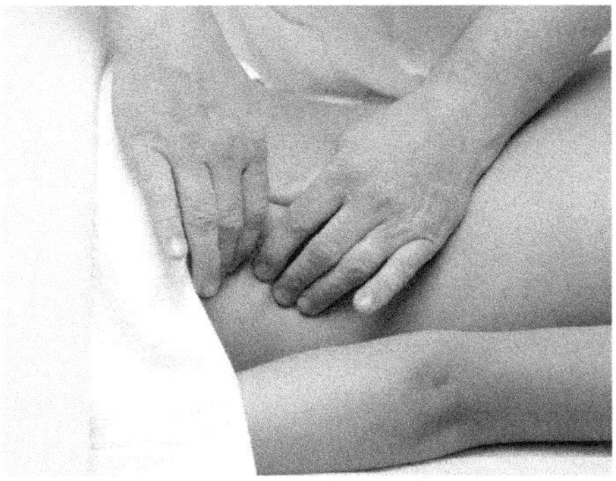

Descolamento transverso sobre a coluna vertebral

O descolamento central é feito sobre a coluna vertebral, iniciando o movimento da região cervicotorácica até a região sacra. Formar a prega e puxar para cima, com movimentos para os lados.

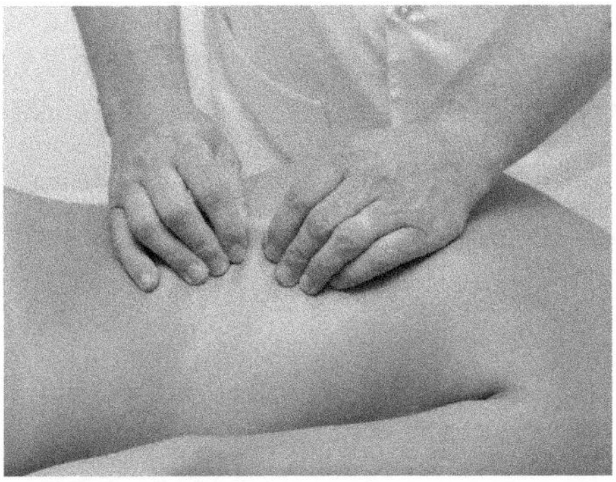

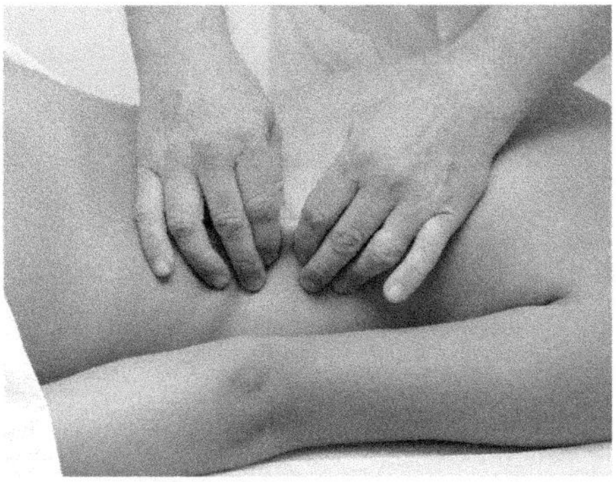

Soltura da escápula

Colocar a mão esquerda no ombro esquerdo do cliente, mantendo-o apoiado sobre os dedos. A mão direita deve ser posicionada com o dorso voltado para baixo, e os dedos, perto da borda medial da escápula. Com movimentos suaves da mão esquerda, elevar o ombro da mesa, e com a mão direita, colocar os dedos entre a escápula e as costelas. Repetir a manobra no lado oposto.

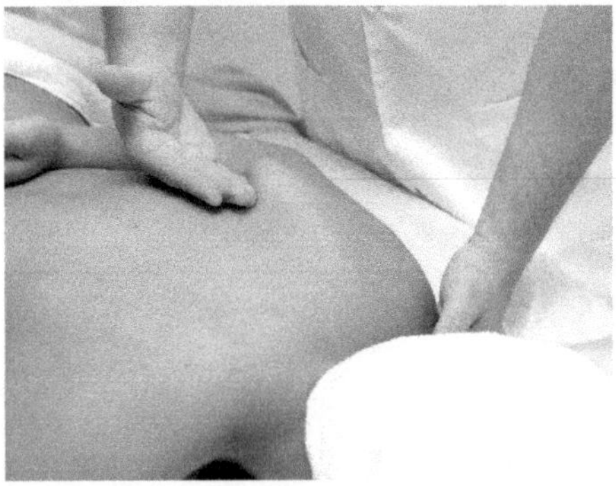
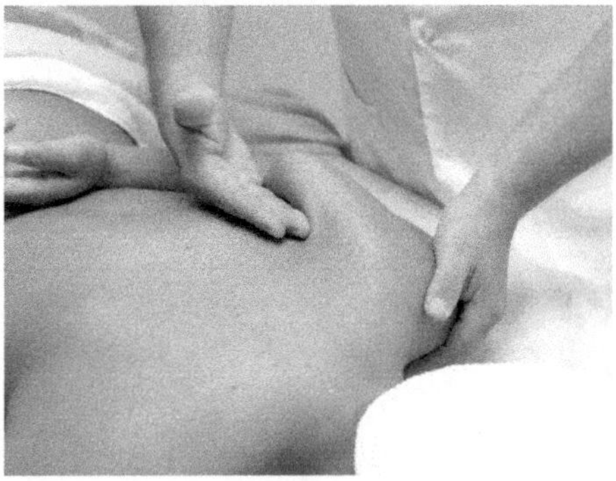

Pressão rítmica para a respiração

Com uma das mãos espalmada sobre a região das costelas altas (as primeiras costelas), e a outra sobre a mão espalmada, fazer pressão, acompanhando a expiração do cliente, diminuindo a pressão na inspiração. Executar primeiro o movimento sobre o lado direito e, depois, sobre o lado esquerdo.

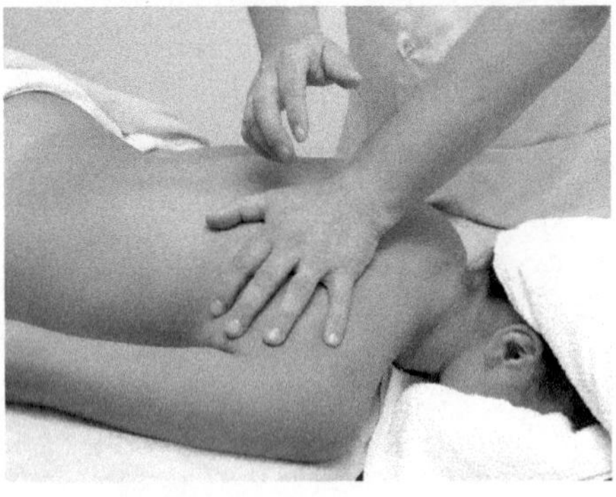
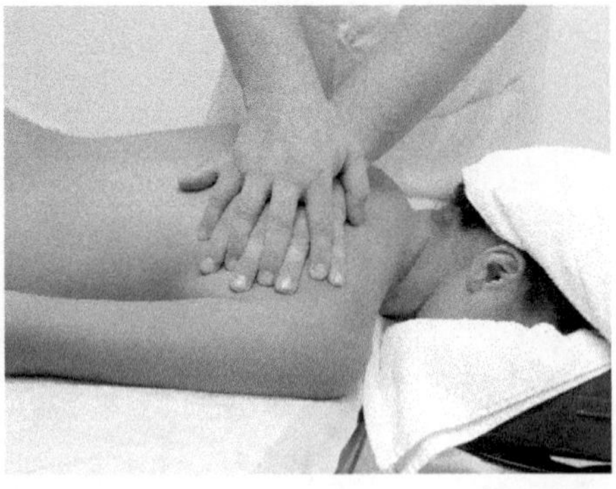

Massagem circular dos músculos paravertebrais

As mãos são posicionadas como no item anterior, porém, são feitos movimentos circulares com a base da mão massageando a musculatura paravertebral.

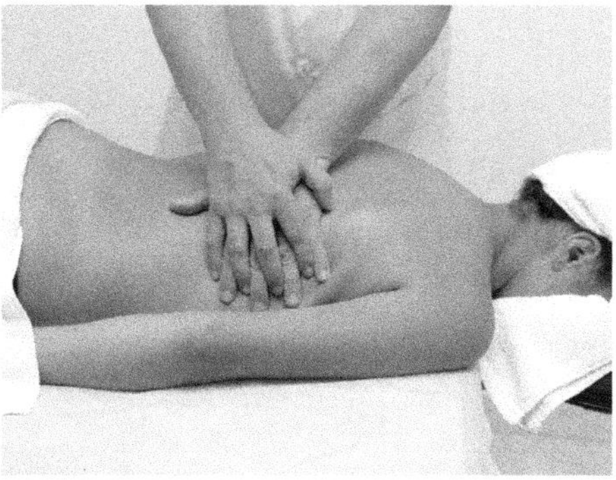

Descompressão suave

As mãos posicionadas em prece sobre a região torácica alta. Realizar suaves pressões sobre a área nas expirações, sentido craniossacral. Entre as mãos, os processos espinhosos ficam livres, e a pressão é realizada com as bordas das mãos.

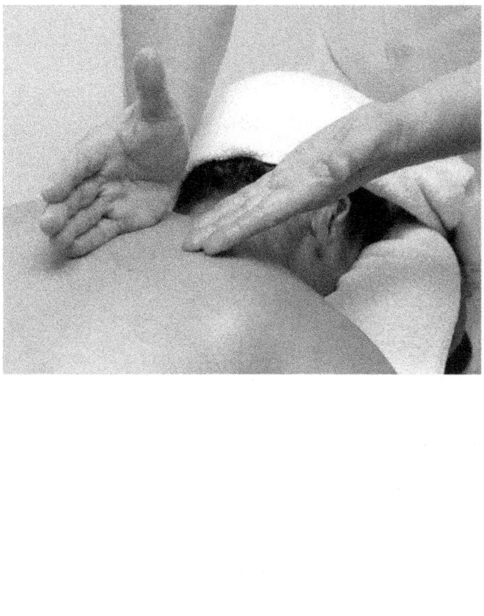

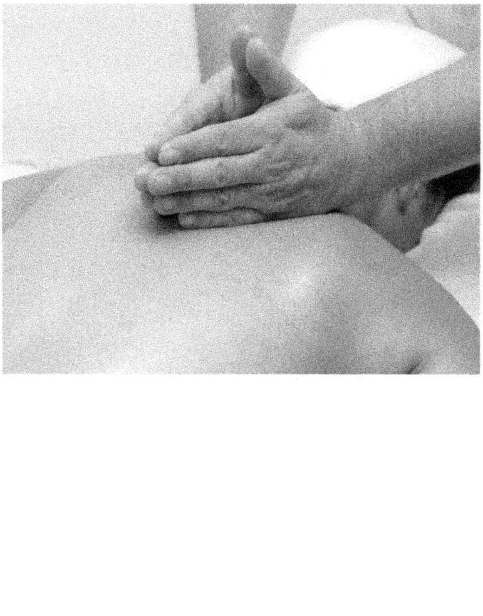

4.1.2 Com uso de óleo ou de creme

Lubrificação

Com o cliente em decúbito ventral, manter uma das mãos com o dorso voltado para baixo, tocando a região das costas do cliente. Colocar um pouco de óleo na palma da mão que está em contato com a pele do cliente, e com a outra, aquecer o óleo e espalhá-lo por toda a região a ser massageada.

É bom lembrar que, uma vez iniciada a massagem, não se deve perder mais o contato com o cliente até terminá-la. O cliente está em um nível de relaxamento bastante profundo; caso você tire sua mão bruscamente, poderá despertá-lo, perdendo muito do objetivo principal da massagem antiestresse.

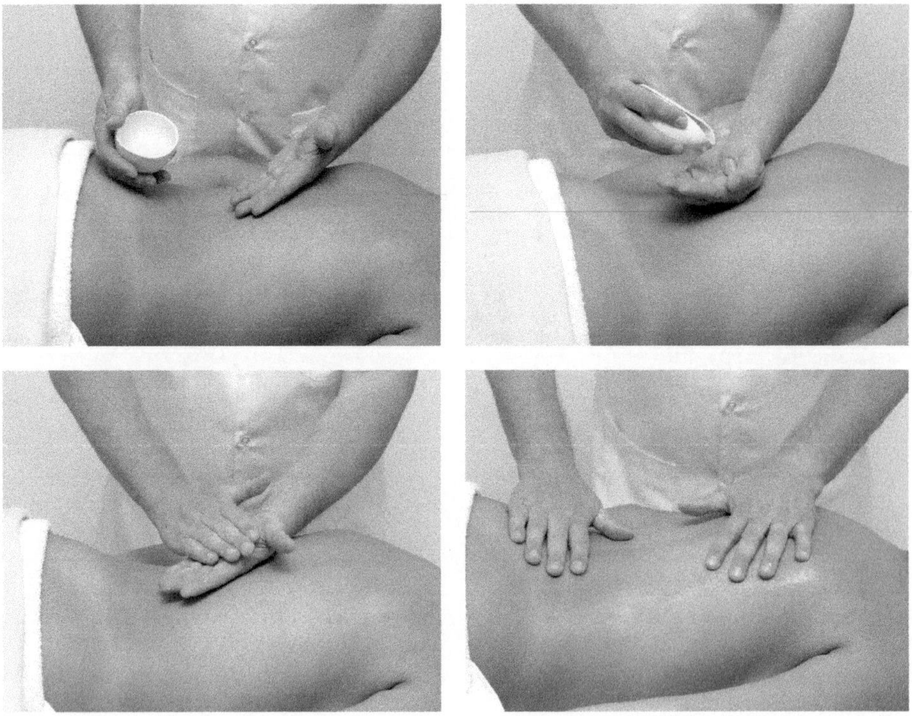

Deslizamento em "S"

Deslizar as mãos para os lados, retornando lateralmente, passando sobre as costelas e escápulas, deslizando sobre todo o deltoide, praticamente elevando os ombros da mesa. Terminar o movimento na região cervical, posicionando as mãos para iniciar o movimento.

Esse deslizamento pode ser feito de dez a vinte vezes. Considerado um dos movimentos mais nobres da massagem, o deslizamento em "S" promove um relaxamento bastante profundo. Trabalha sobre os músculos mais superficiais, como trapézio, deltoide, infraespinhoso, redondo menor e redondo maior, latíssimo do dorso, romboide e oblíquo externo.

Sobre os efeitos fisiológicos, o deslizamento suave ajudará na lubrificação da região e despertará a atenção do cliente para a região massageada. O deslizamento inicia-se lento e suave, depois, lento e profundo, rápido e profundo, terminando rápido e suave. Esse movimento começa com as mãos unidas, formando um triângulo entre os polegares e os indicadores. Partir com as mãos da região cervicotorácica, deslizar sobre o trapézio, os paravertebrais e a região lombar.

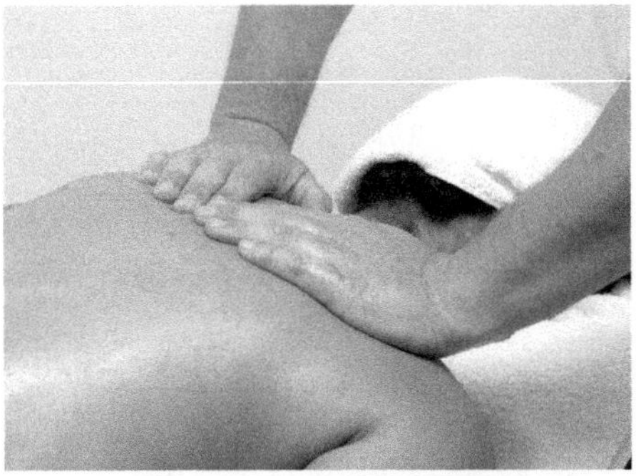

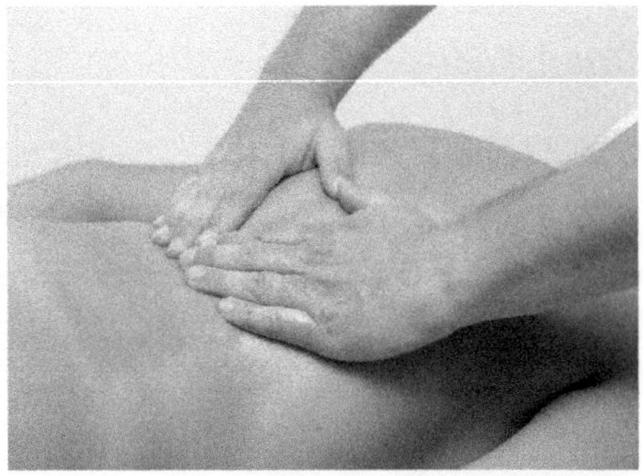

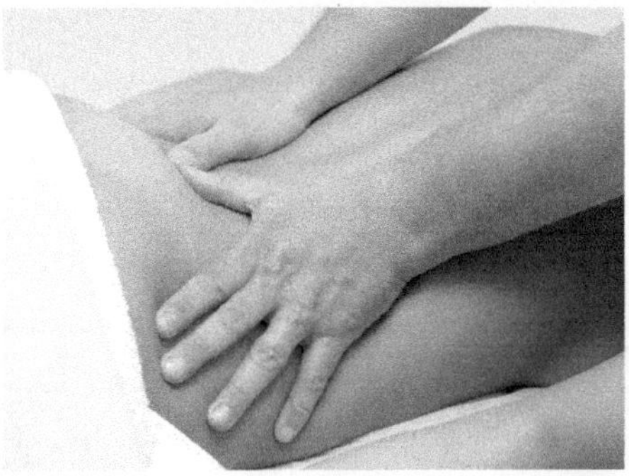

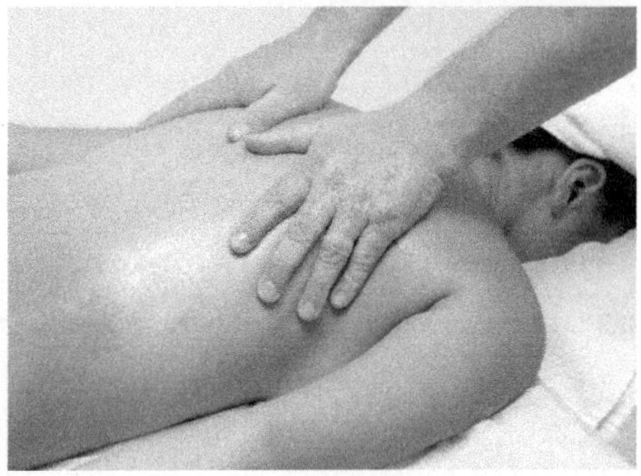

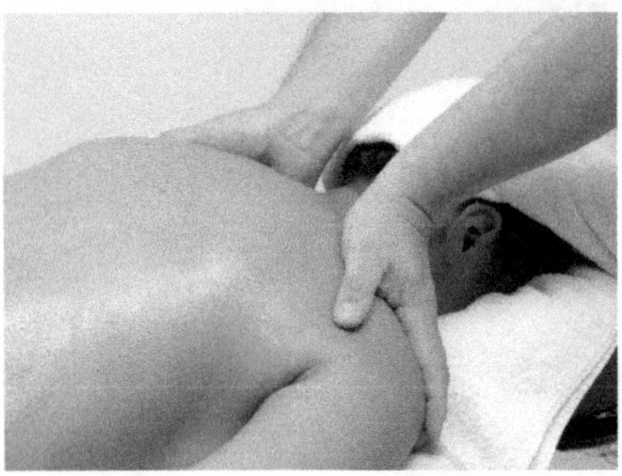

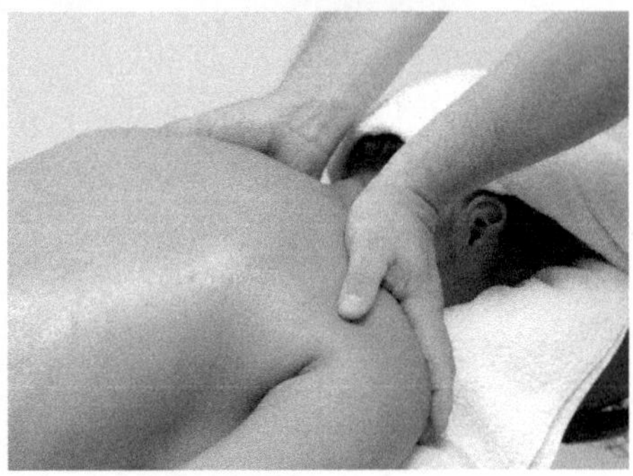

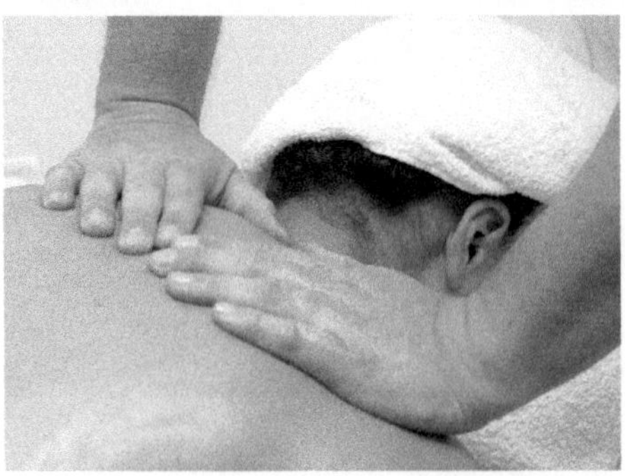

Escovação do trapézio

Com as mãos fechadas, posicionar as falanges proximais sobre o trapézio, deslizando-as sobre as costelas. As mãos trabalham simultaneamente e retornam uma de cada vez.

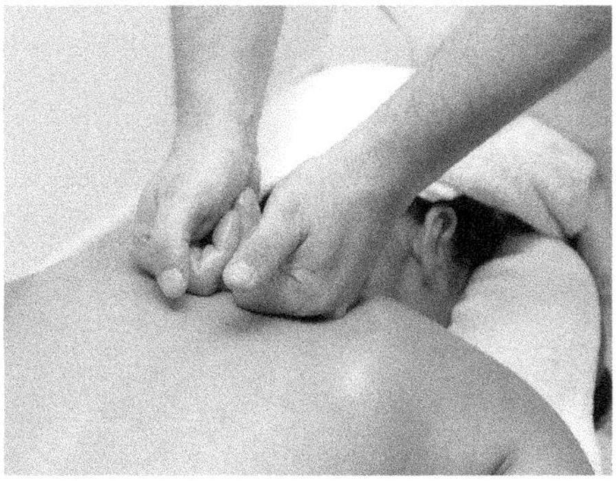

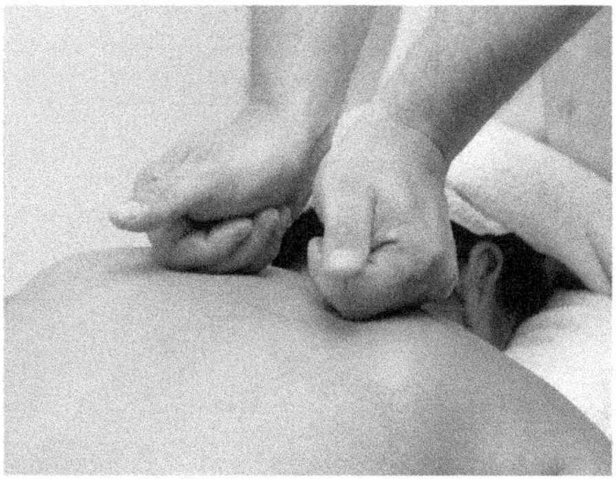

Deslizamento em prece

Com as mãos unidas como prece, manter as laterais sobre as costas, com a coluna vertebral entre elas, deslizar com movimento profundo, ocasionando um esvaziamento da musculatura trabalhada, eliminando, assim, todos os resíduos químicos e tóxicos nela produzidos.

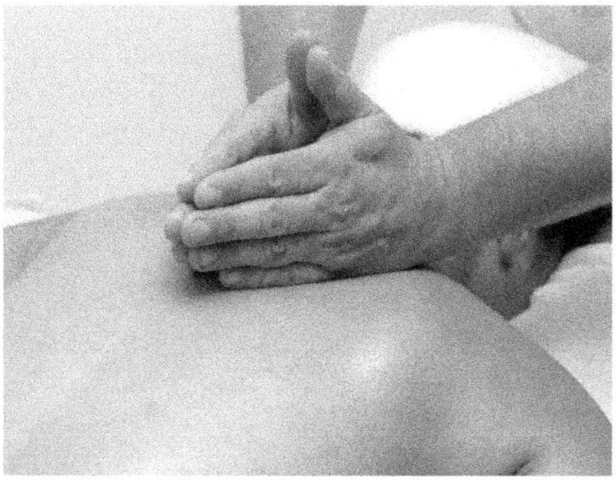

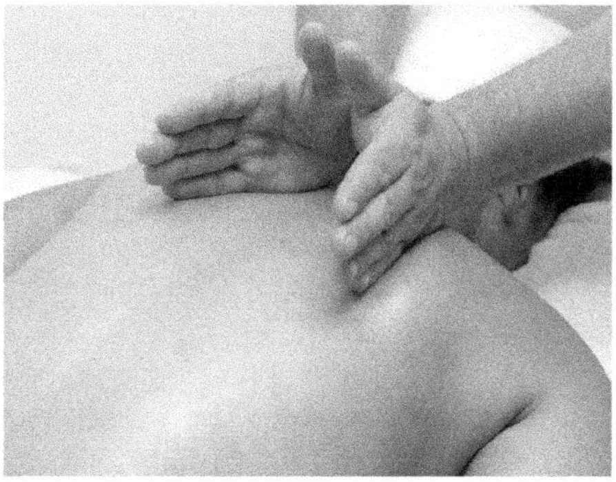

Massagem no romboide

Posicionado próximo do deltoide do cliente, com os polegares paralelos, massagear toda a borda medial da escápula, especialmente o músculo romboide.

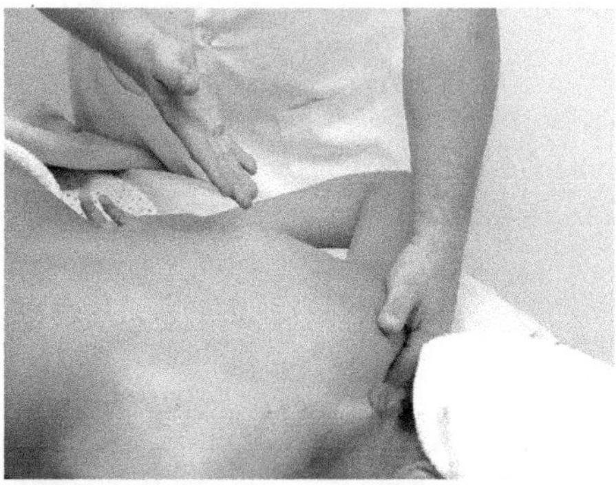

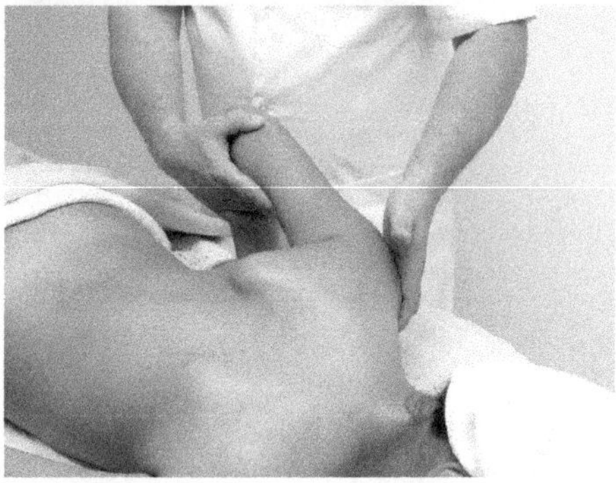

Deslizamento transverso com polegares

Massagear com os polegares de forma alternada sobre as fibras musculares transversais na região torácica alta.

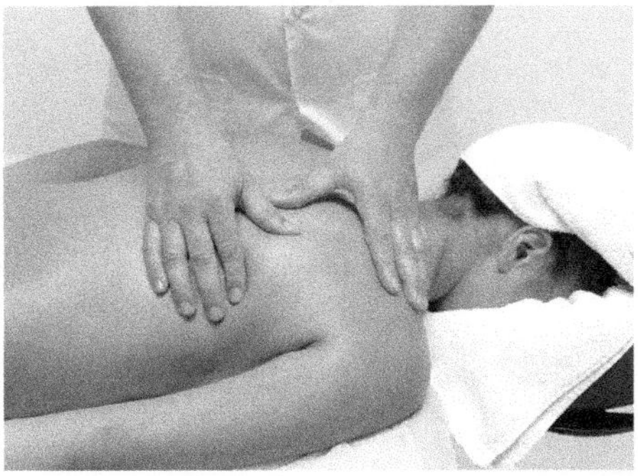

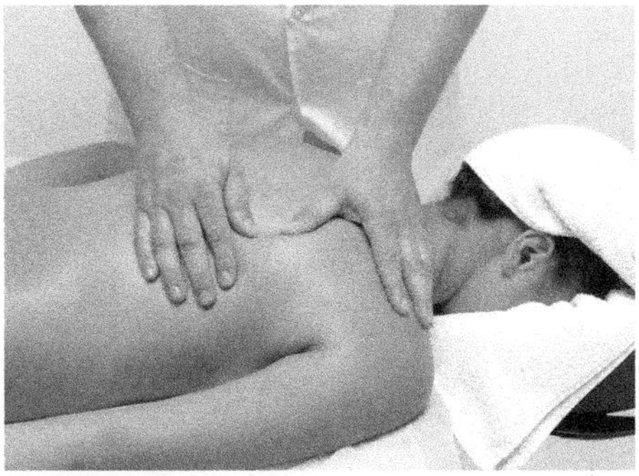

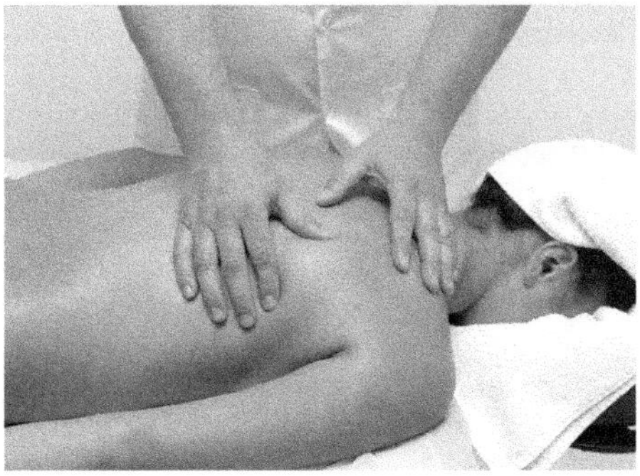

Fricção com polegares

Com os polegares paralelos à coluna vertebral, iniciar o movimento perto das últimas vértebras cervicais. Friccionar os polegares com movimentos curtos e eficientes, até a região sacra, retornando com deslizamento suave sobre a coluna.

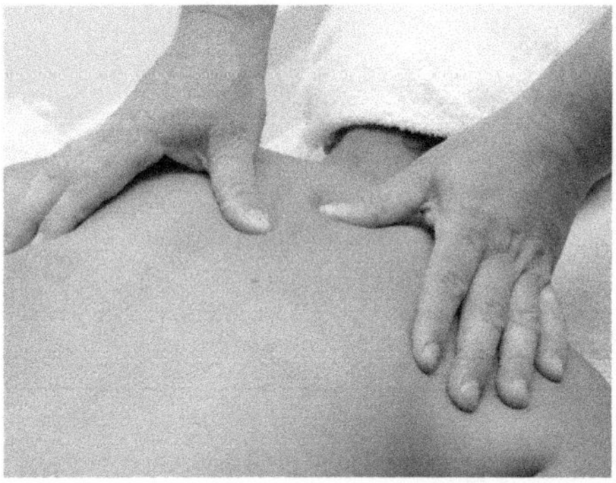
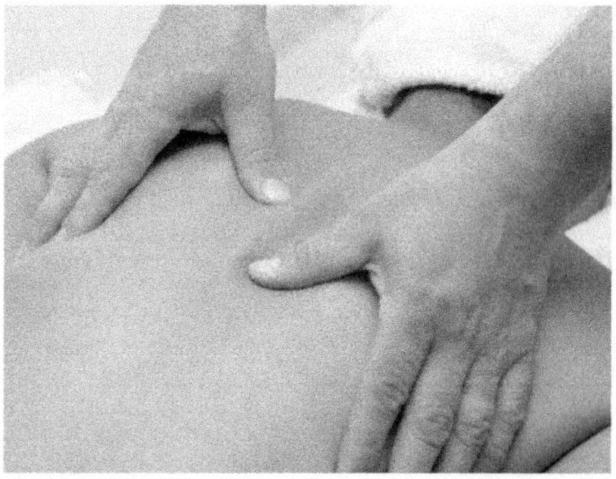

Massagem sobre os paravertebrais com polegares

Massagem circular com os polegares sobre a musculatura paravertebral, sentido craniossacral. Retornar de maneira suave e com deslizamento sobre a coluna vertebral.

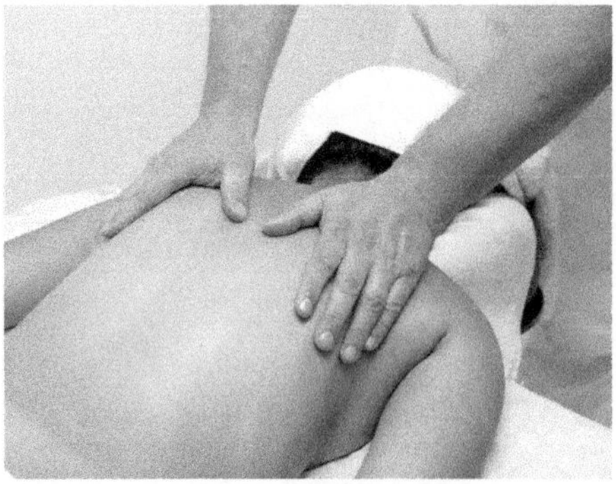
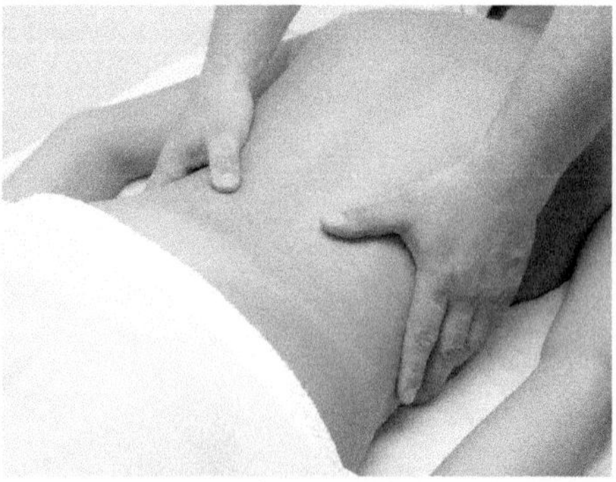

Massagem circular com mãos sobrepostas

Massagear a musculatura paravertebral e a dorsal com uma das mãos sobreposta à outra, realizando movimentos circulares e profundos no sentido craniossacral.

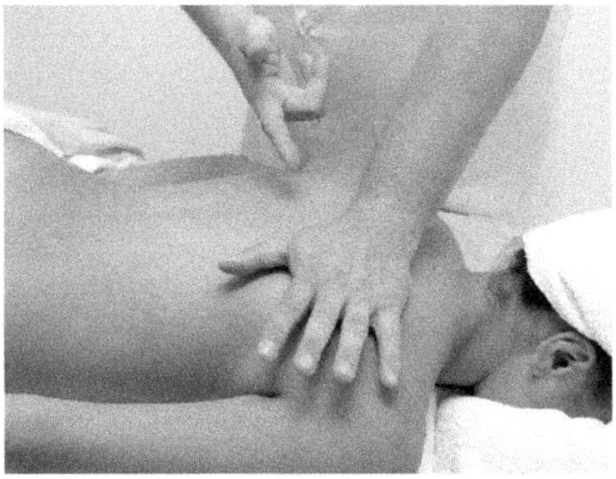

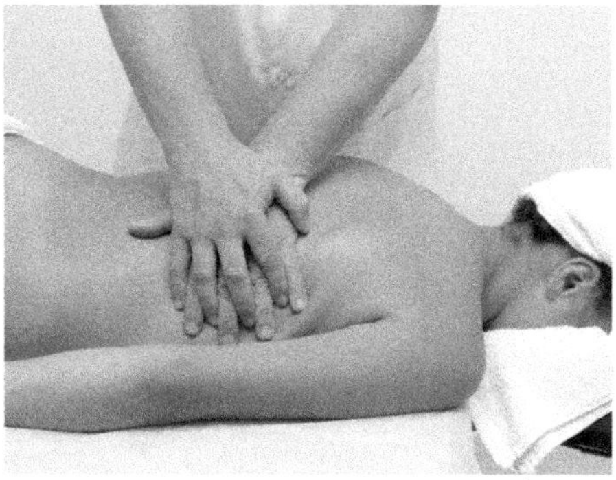

Fricção aquecedora

Com as mãos espalmadas sobre as escápulas, iniciar um movimento suave e longo, utilizando toda a extensão dos braços. Movimentar a cintura pélvica durante o início da fricção é muito importante, pois a massagem mantém por muito tempo os membros inferiores estáticos. Aos poucos, aumentar a velocidade de fricção até promover um bom calor sobre a pele do cliente. Deve ser feita a fricção sobre toda a região exposta trabalhada, primeiramente, no centro, perto da coluna, depois, mais ao lado, sobre as costelas e lateralmente.

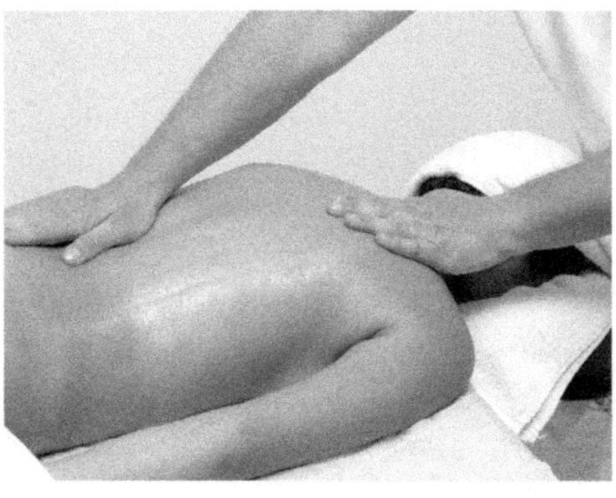

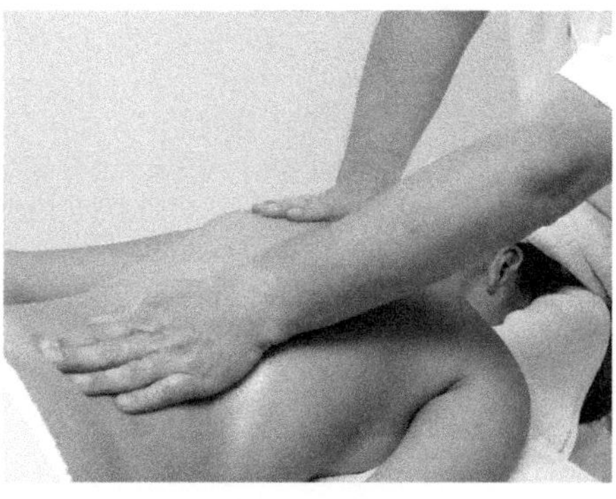

Deslizamento transverso em cruz

Após terminar a fricção aquecedora, iniciar um movimento de deslizamento transverso das mãos, partindo da região da cintura escapular e indo para a cintura pélvica, deslizando a mão esquerda primeiro. Ao realizar toda a extensão, retirar a mão esquerda somente quando iniciar o movimento com a mão direita.

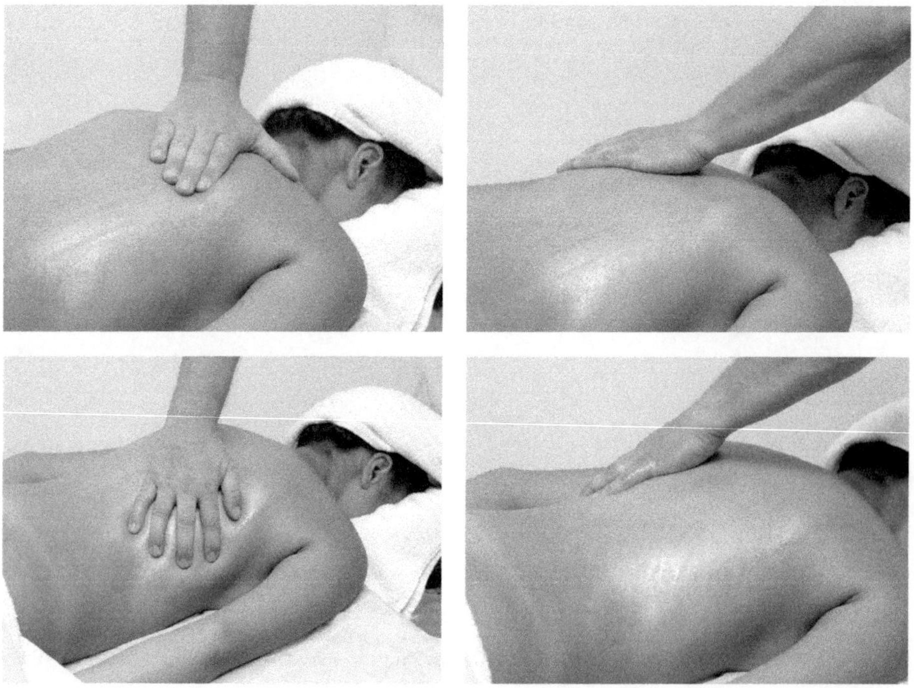

Deslizamento transverso sobre a região lombar

Feito com as mãos espalmadas sobre a região lombar, alternando o movimento. Primeiro, é feito sobre um lado, depois, sobre o outro.

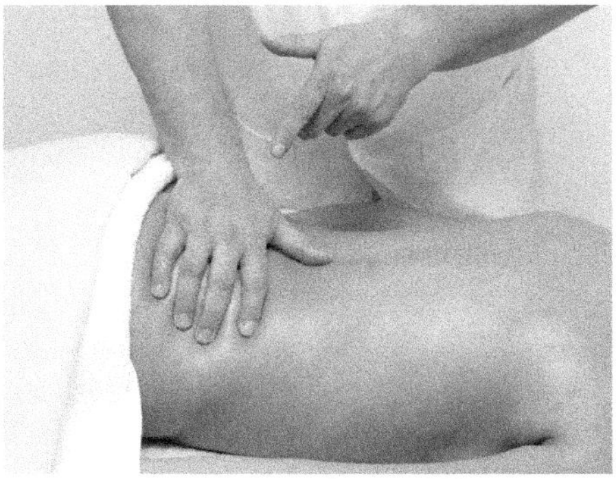
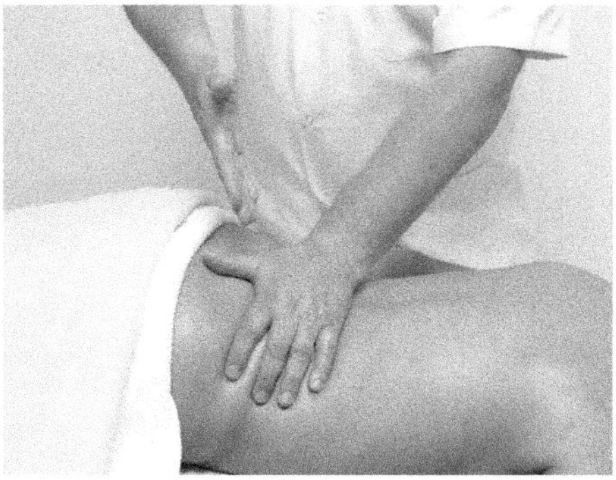

Amassamento circular

Consiste em amassar o tecido conjuntivo da região, quebrando as moléculas de toxinas e liberando as fáscias subcutâneas. O movimento das mãos é rítmico, perfeito e sincronizado. Com uma das mãos, pegar o tecido da região, formando uma grande prega, e, com a outra mão, tentar segurar e amassá-la.

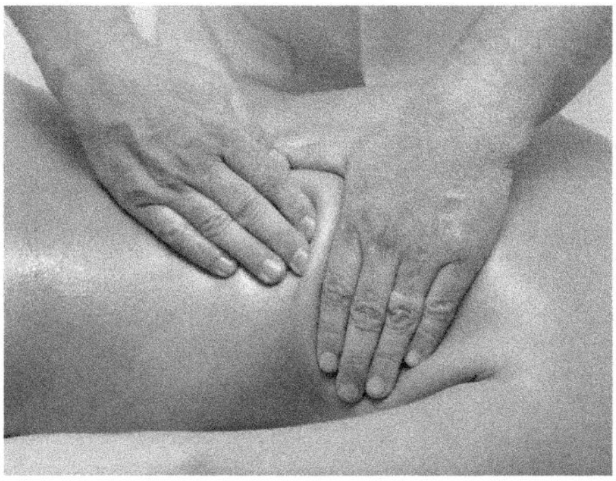
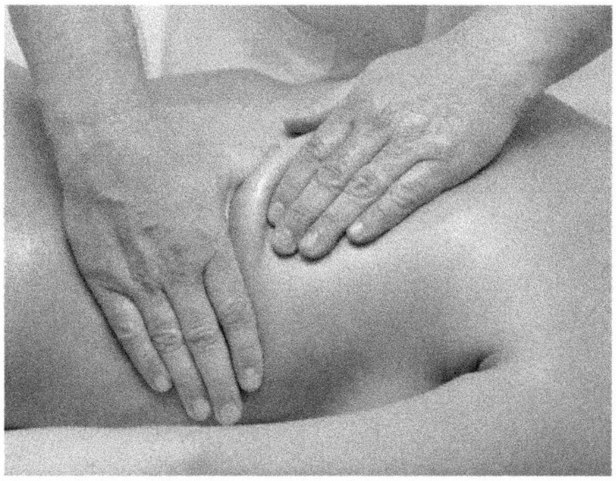

Amassamento sobre a região torácica

O amassamento da região torácica é feito conforme a orientação anterior.

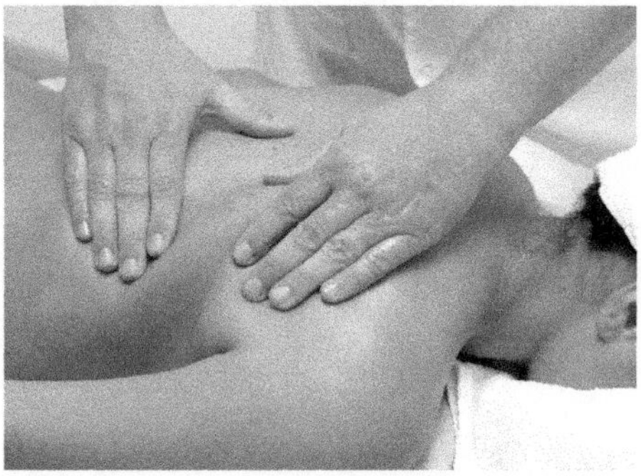

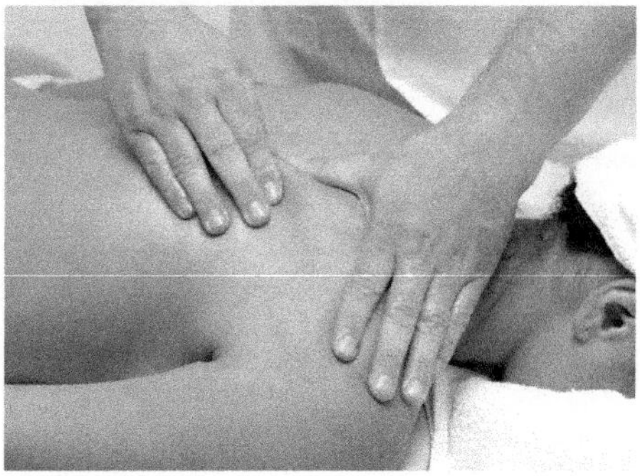

Amassamento do trapézio

Trabalhar um lado, depois, o outro. Como o trapézio é um músculo forte e próximo do sistema nervoso central, ele recebe sempre todas as tensões, precisando de um bom e prolongado trabalho de amassamento.

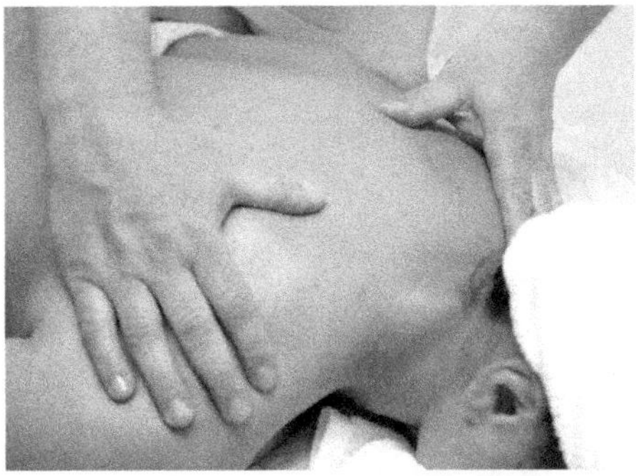

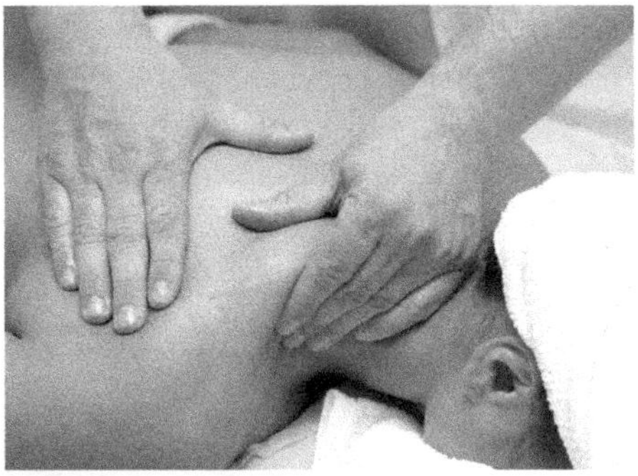

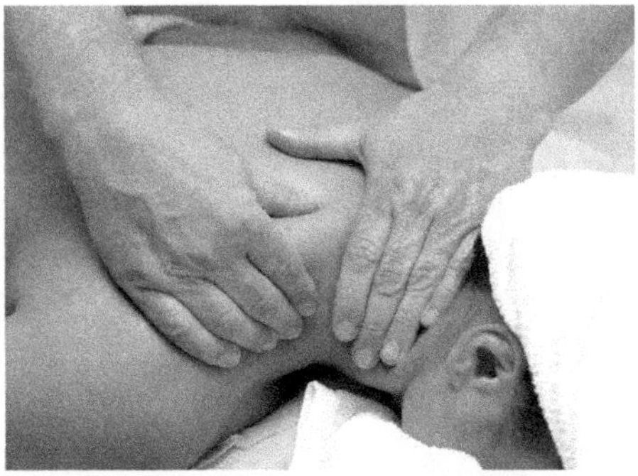

Amassamento cervical

Amassamento dos músculos da região posterior do pescoço.

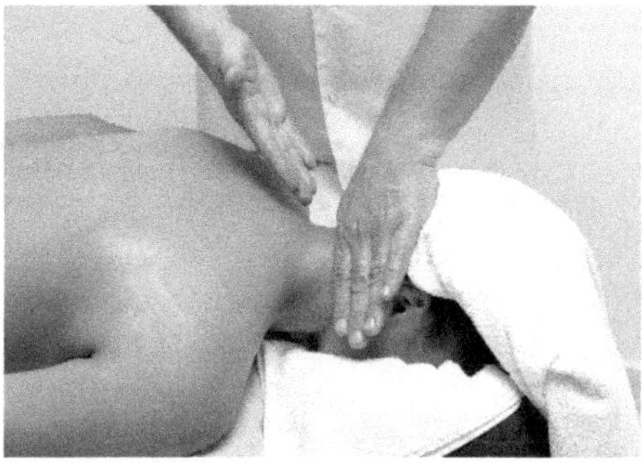

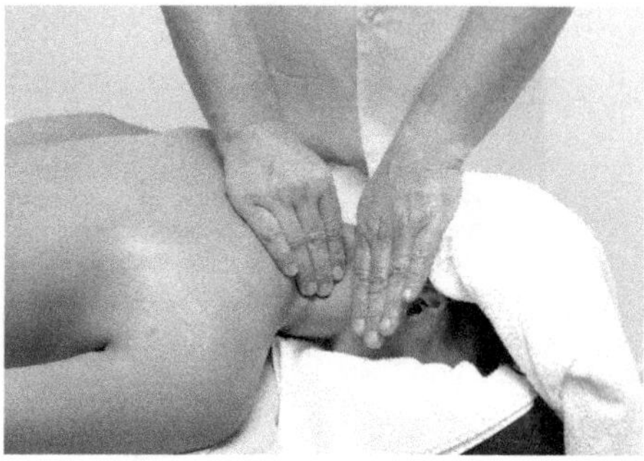

Percussão torácica

A percussão torácica com punho fechado é realizada com o profissional posicionado ao lado do cliente, pode ser ao lado direito ou esquerdo. Manter ambas as mãos fechadas, e, com suavidade, tocar de forma rítmica e rápida. Com as falanges proximais, realizar a percussão em toda extensão do dorso onde estão as costelas. Não realizar no pescoço, na região lombar nem sobre os processos espinhosos. É considerada uma ótima execução de repetições quando realizamos a ida e a volta em toda área por cinco a sete vezes.

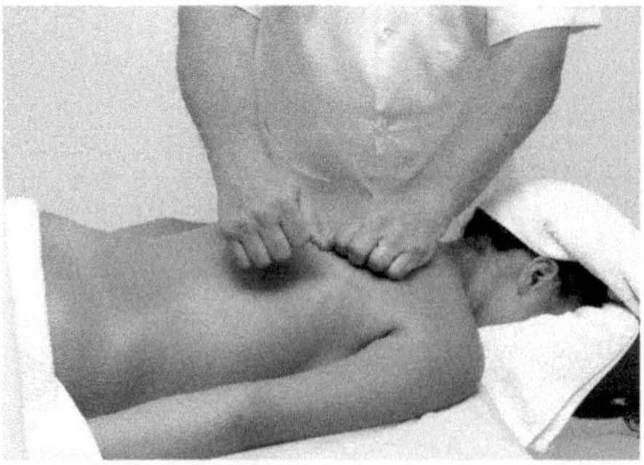

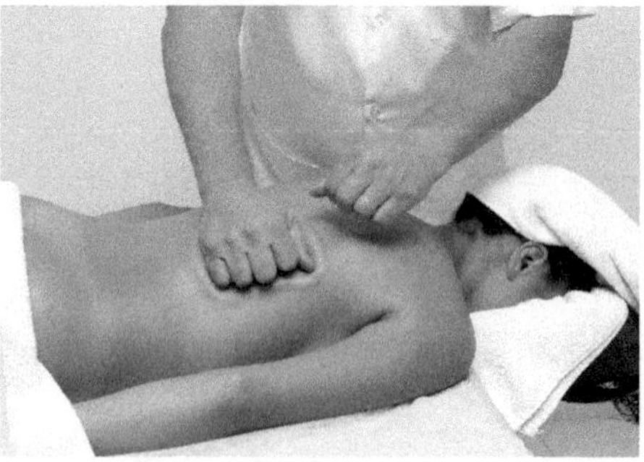

Deslizamento em "T"

Esse deslizamento é feito partindo da região lombar no sentido sacrocranial. Movimento suave em que as mãos deslizam paralelas à coluna vertebral e, quando chegam à região torácica, deslizam para os ombros.

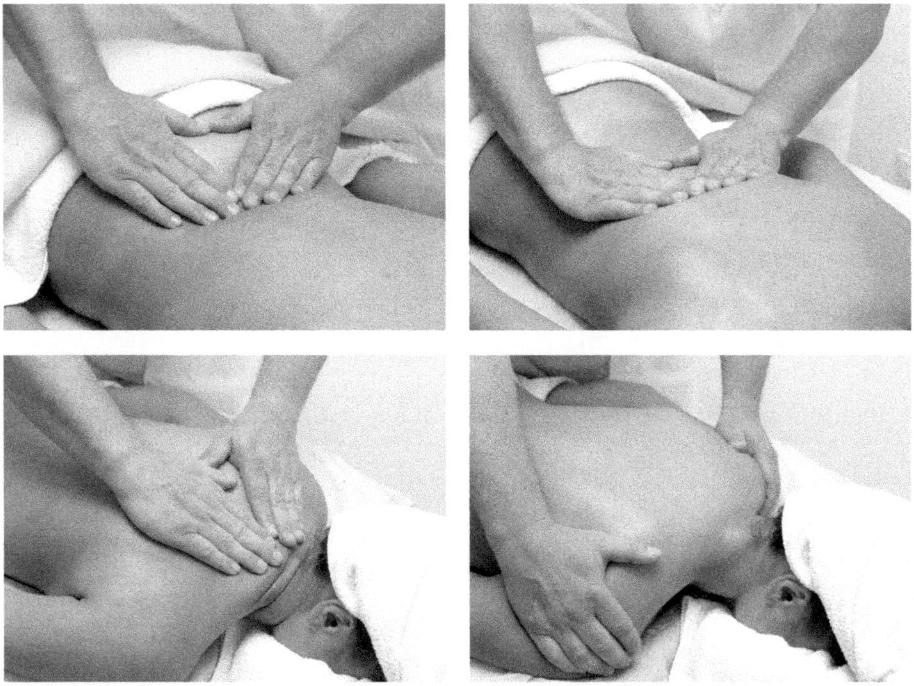

Deslizamento sobre a escápula

Um deslizamento muito relaxante que atua sobre o plexo nervoso braquial, aumentando sua ação antiestresse.

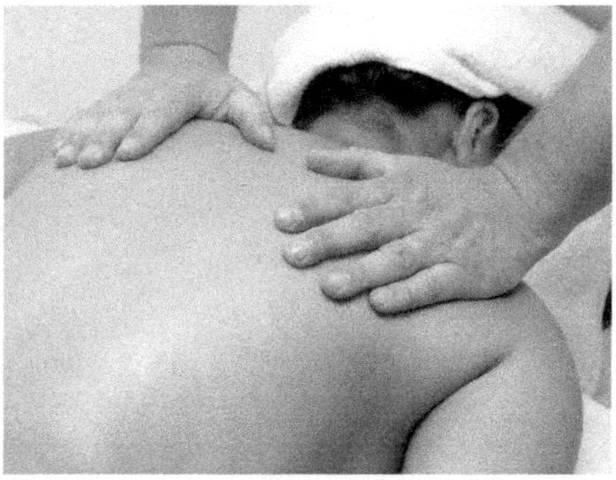

Beliscão terapêutico

Tem uma ação estimulante sobre o sistema nervoso periférico e acentua a atividade simpática do sistema nervoso autônomo. No início da massagem, ocorre uma ação sobre o parassimpático e, mais tarde, sobre o simpático. Assim, conseguimos manter um equilíbrio na ação do sistema nervoso central. Deve-se ficar ao lado do cliente, podendo-se começar sobre a região superior da região torácica. Formar uma prega e soltá-la imediatamente, em um movimento rápido de pegar e soltar.

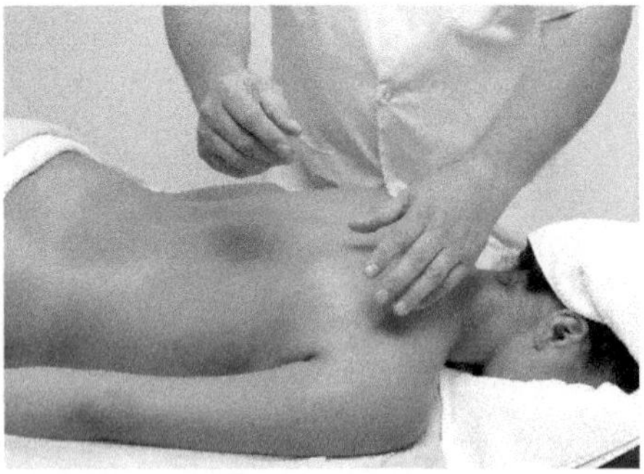

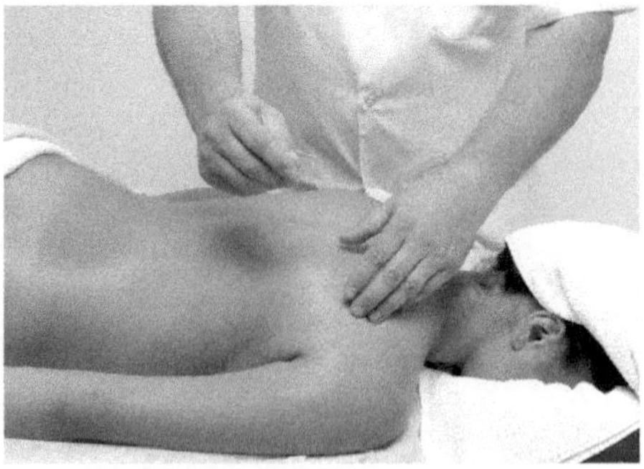

Percussão de punho fechado

Tem o mesmo efeito estimulativo do beliscão. É um movimento rápido e rítmico. Atua sempre em regiões com estrutura óssea abaixo da musculatura. Não é feito na região lombar, mas, sim, sobre toda a região torácica.

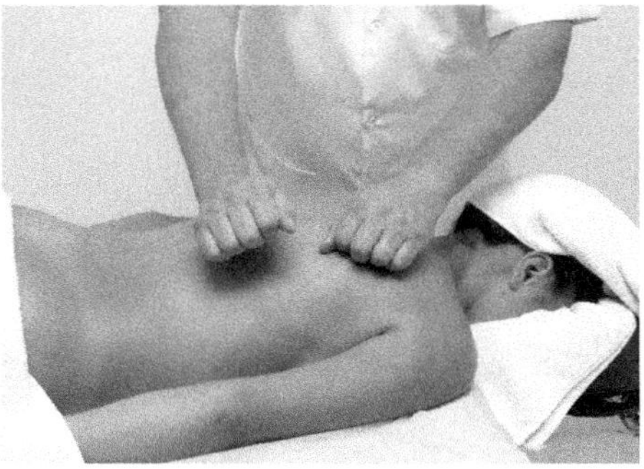

Percussão ulnar

Com os dedos entreabertos; é um movimento rápido de punho, executado com batidas suaves pela região lateral das mãos e do dedo mínimo. Normalmente, tentamos seguir a direção das fibras musculares em toda a região massageada.

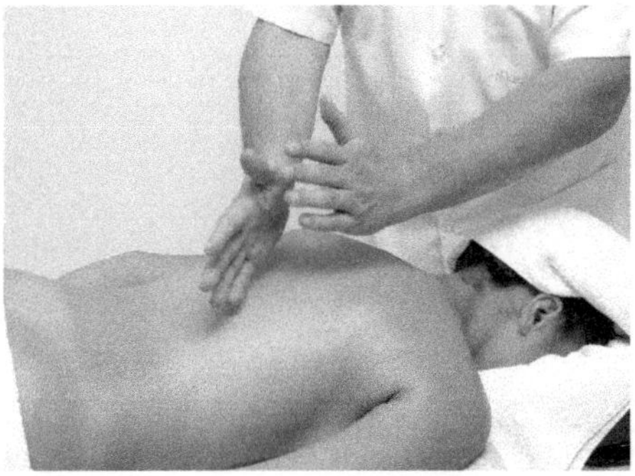

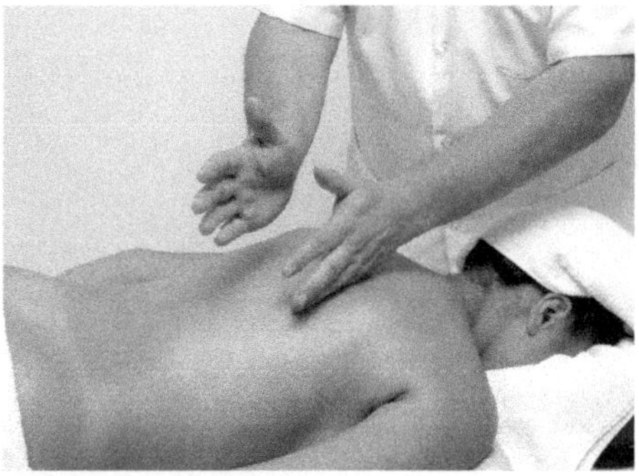

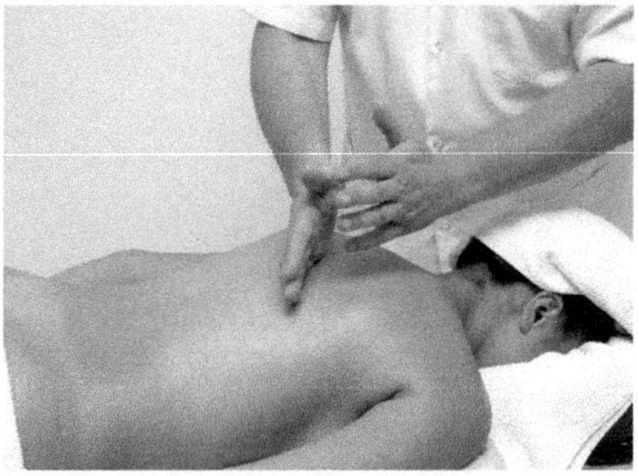

Percussão palmar

De todas as percussões, é a que tem ação mais forte como estimulante. A mão deve estar em forma de concha, mas relaxada, e suas batidas rápidas devem produzir um som opaco. Veja nas imagens que, quando uma mão retorna, ela suavemente se fecha; quando a outra vai tocar a área, discretamente se abre, porém, mantendo a mão levemente em posição de concha. Nesse momento da massagem, a respiração do cliente tende a ser mais rápida, e a frequência cardíaca, a subir um pouco. Após o término das percussões, fazer um deslizamento suave por toda a região que foi massageada.

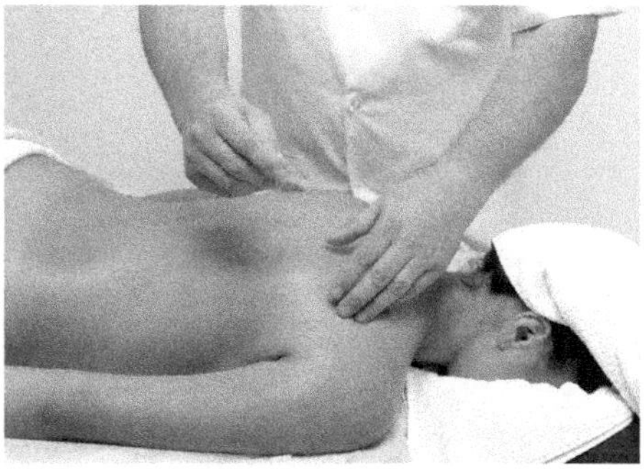

Massagem sobre o couro cabeludo

Manter ambas as mãos sobre a região da cabeça, formando uma "coroa", e explorar com massageamento. Os dedos devem se manter firmes e deslizar sobre o couro cabeludo. Trabalhar bem toda a área da região temporal, por dois a três minutos. Suavemente, despertar o cliente e pedir que ele abra os olhos devagar e movimente, de forma lenta, as mãos, os dedos, os pés, os braços e as pernas. Auxiliá-lo a se levantar de forma adequada. A ação da massagem ainda ocorre após o seu término e, segundo alguns estudos (Crane *et al.*, 2012; Toro-Velasco *et al.*, 2009; Weerapong, Hume e Kolt, 2005), seu efeito máximo ocorre vinte minutos após ter sido encerrada.

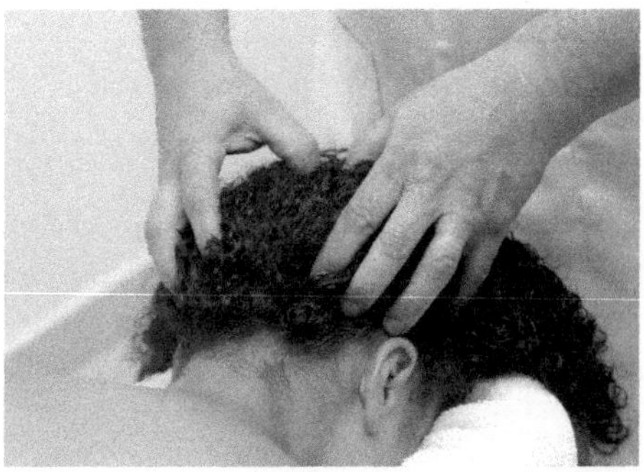

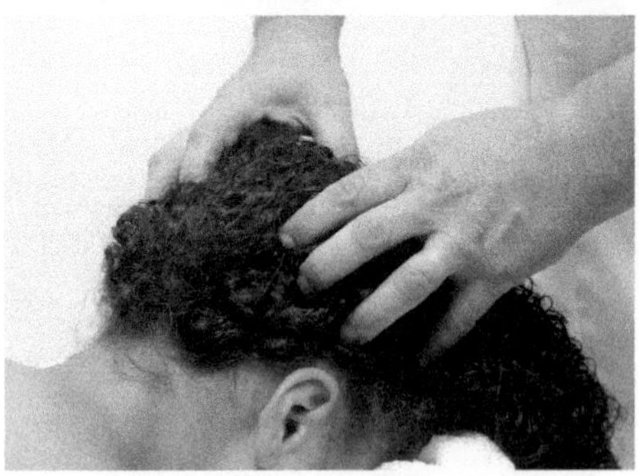

4.2 Cliente em decúbito dorsal

4.2.1 Sem uso de óleo ou de creme

Alongamento posterior do pescoço

Posicionar o cliente com apoio abaixo da região poplítea e um travesseiro para a cabeça; em seguida, cruzar seus braços, apoiando os dedos sobre os ombros. A cabeça do cliente deve ficar apoiada sobre os braços. Levantá-los bem devagar e alongar os músculos posteriores do pescoço.

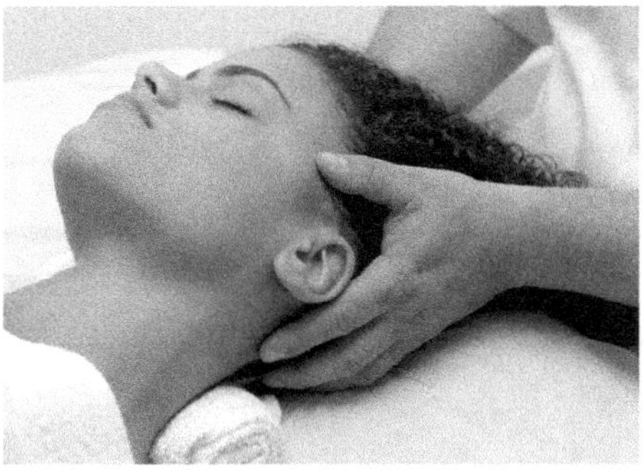

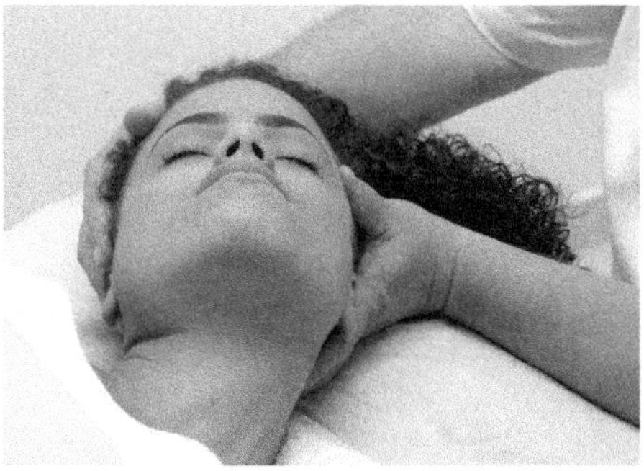

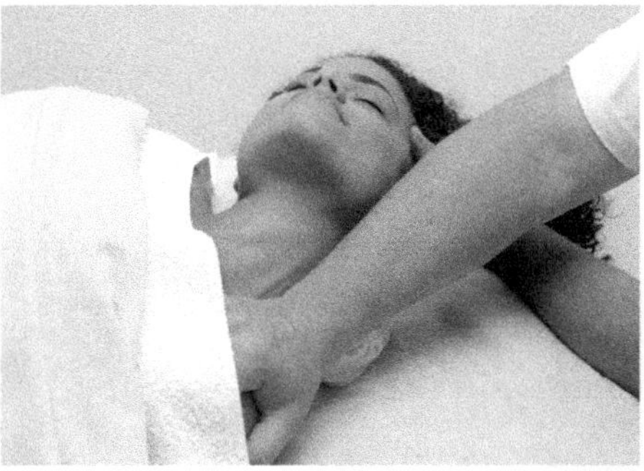

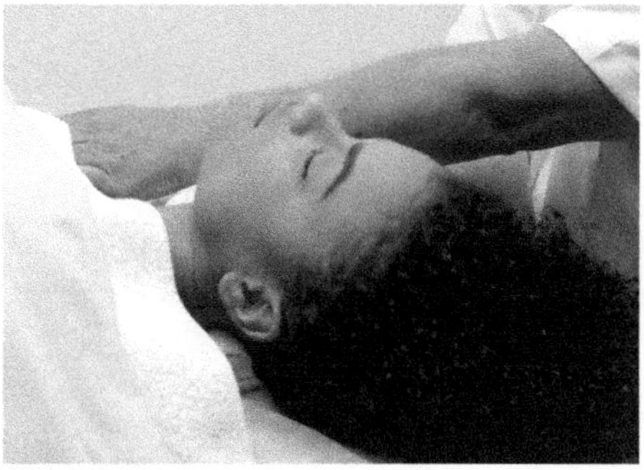

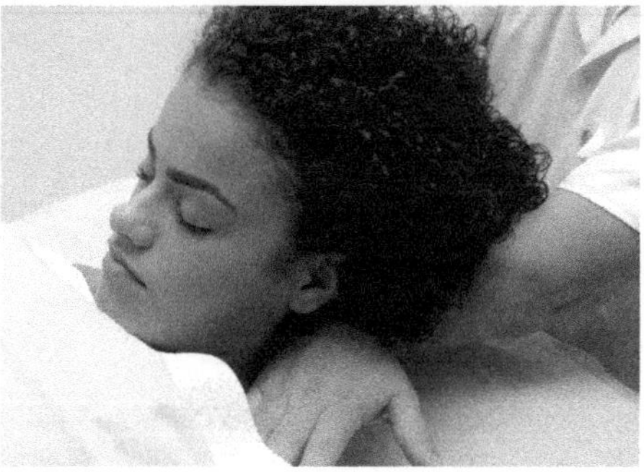

Massagem no pescoço

Massagear toda a região lateral e posterior do pescoço com as falanges digitais. Na mesma posição, massagear o músculo masseter com a base da mão, fazendo movimentos circulares.

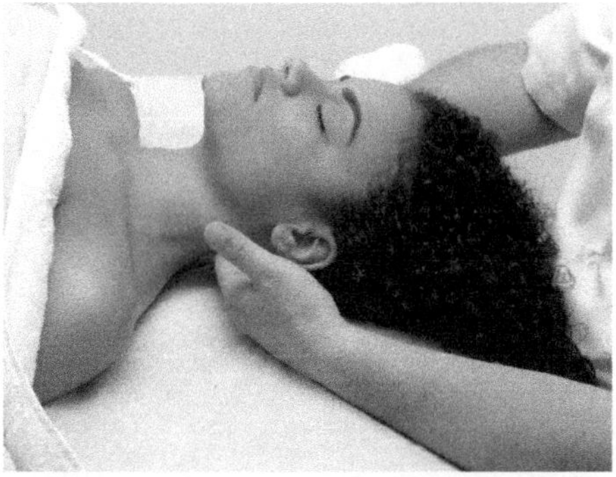

Massagem lateral no pescoço

Com o polegar, massagear a lateral do pescoço, somente do esternoclidomastóideo para trás. Na parte anterior, estão os vasos sanguíneos; não deve ser tocada.

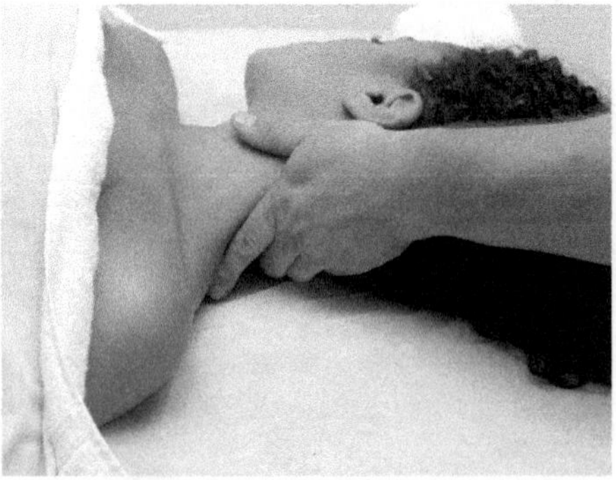

Após encerrar a massagem

Após encerrar a massagem, despertar o cliente de forma suave e auxiliá-lo para que fique em pé. Sempre encerrar cumprimentando. Aquele estado de tensão terá sido eliminado pela massagem antiestresse bem-trabalhada.

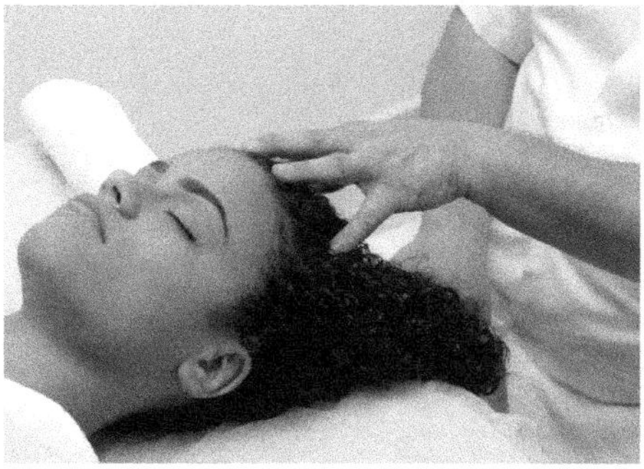

4.3 Massagem na cadeira

4.3.1 Algumas orientações

Posicionamento na cadeira

Você pode posicionar seu cliente em uma cadeira de escritório.

É importante utilizar o seu local de trabalho; assim, ele perceberá que o local que produz tensão também pode produzir bem-estar.

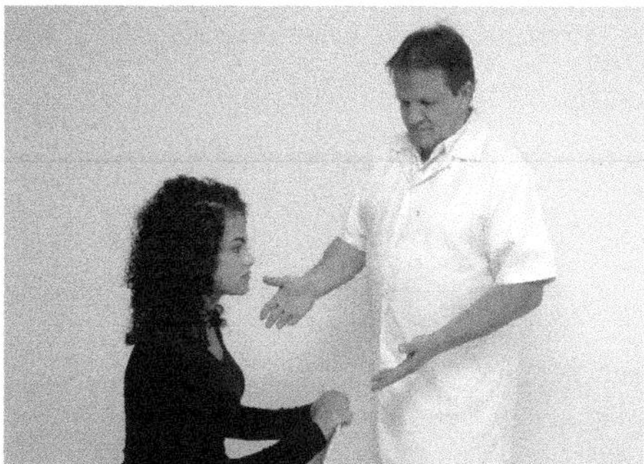

Posicionamento na cadeira com apoios

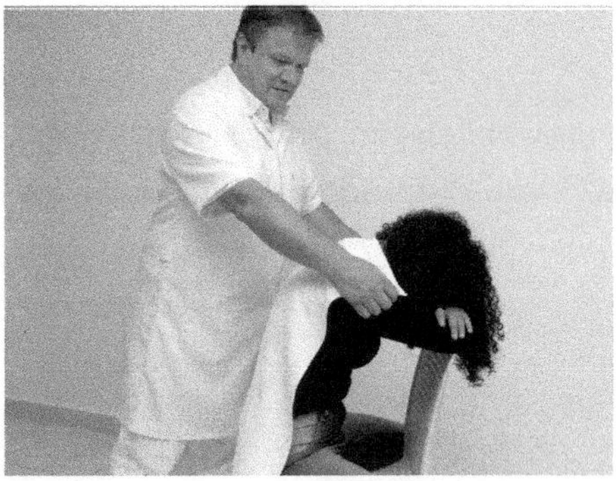

Para ficar mais confortável, usar apoio para os pés e um travesseiro para a cabeça ou colocar o cliente sentado de forma que exponha toda a região a ser trabalhada e colocar uma toalha sobre a região.

Posicionamento sobre a mesa de massagem

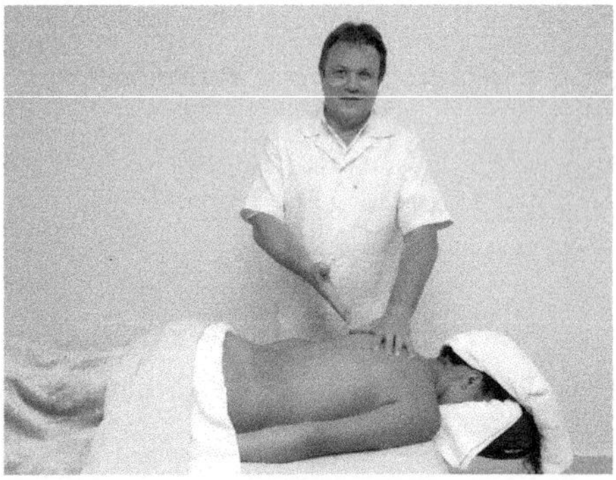

Outra forma de trabalhar poderia ser sobre uma mesa de massagem ou uma maca de ambulatório que, frequentemente, encontramos nas empresas.

Antes de realizar a massagem, é importante conhecer o cliente e obter algumas informações, pois uma ficha de avaliação auxiliará o seu trabalho. Poderão ser realizados, também, testes musculares que serão de grande contribuição para um trabalho de ginástica laboral e para a reeducação postural do funcionário na empresa. Independentemente da técnica utilizada, você deve estar seguro e treinado para executar cada manobra com perfeição.

4.3.2 Massagem antiestresse na cadeira em escritório

Posicionamento

Sentar o cliente em uma cadeira de forma confortável.

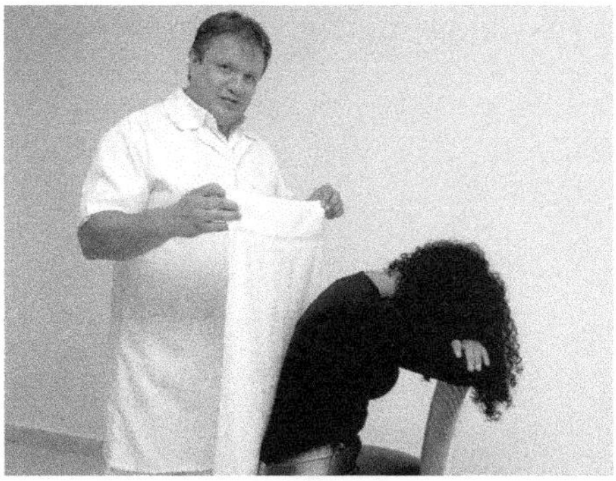

Aquecimento das mãos

Friccionar as mãos e fazer o exercício do ímã para aquecê-las. Esse exercício consiste em sentir como se um elástico ou um ímã estivesse entre as suas mãos.

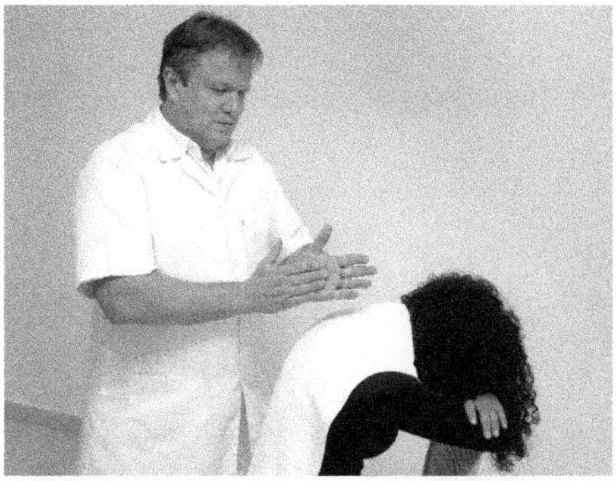

Equilíbrio da temperatura

Colocar as mãos na região superior das costas, sobre os trapézios, e mantê-las nessa posição até que a temperatura da região que está sendo tocada fique igual à de sua mão.

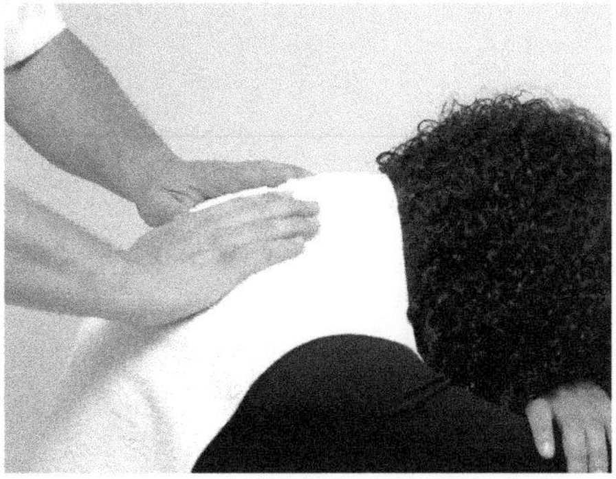

Amassamento do trapézio

Massagear o trapézio, amassando os músculos de forma suave e aumentando a força gradativamente. Iniciar no lado direito, mantendo a outra mão apoiada sobre o lado esquerdo. Realizar o movimento em ambos os lados.

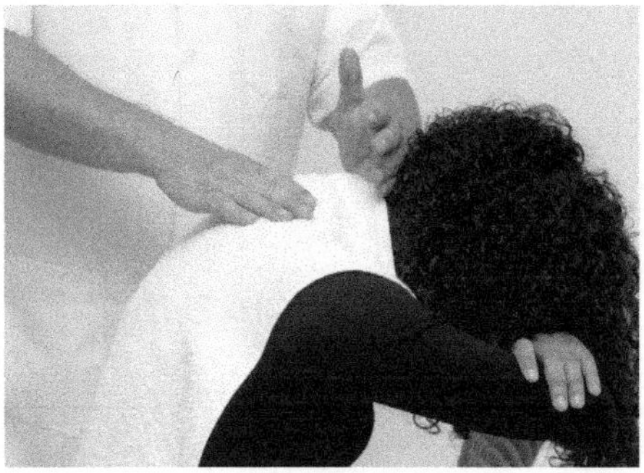

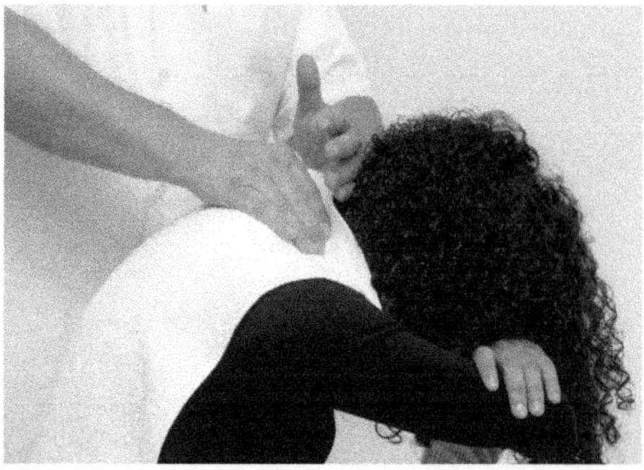

Massagem com o cotovelo

Massagear o trapézio com o cotovelo, apoiando uma das mãos e mantendo o outro braço em forma de V (cotovelo flexionado), a fim de estabilizá-lo, e realizar movimentos circulares sobre o trapézio.

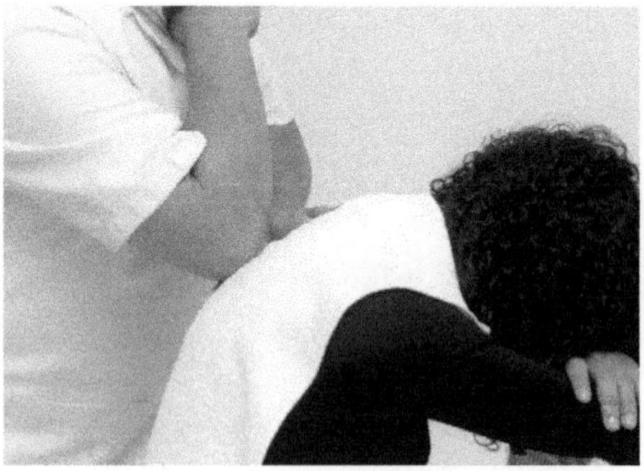

Massagem na escápula

Com os polegares, massagear toda a borda da escápula.

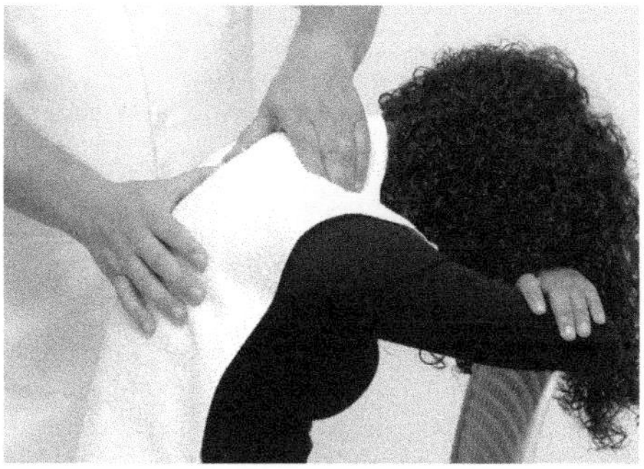
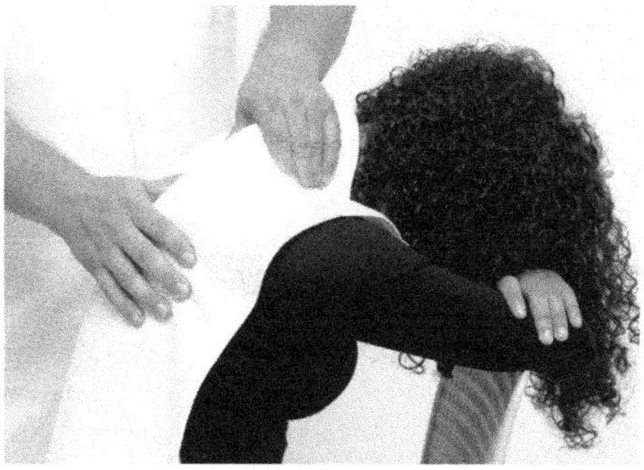

Deslizamento alternado

Deslizar alternadamente os polegares sobre a região dos trapézios e dos romboides (entre as escápulas).

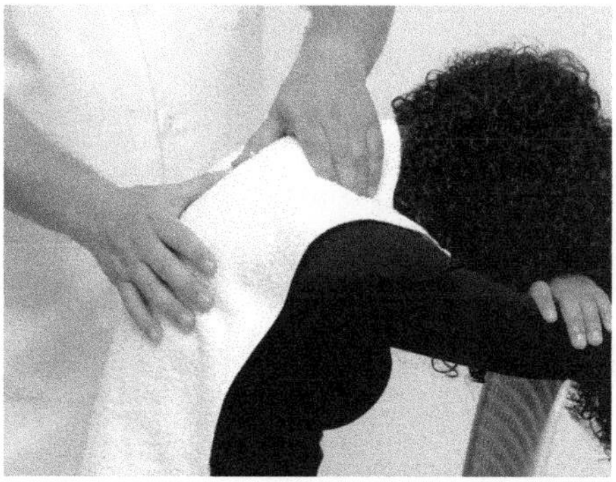

Deslizamento em prece

Amassamento com os polegares sobre o músculo romboide, após fazer um deslizamento com as mãos unidas, como se estivesse rezando.

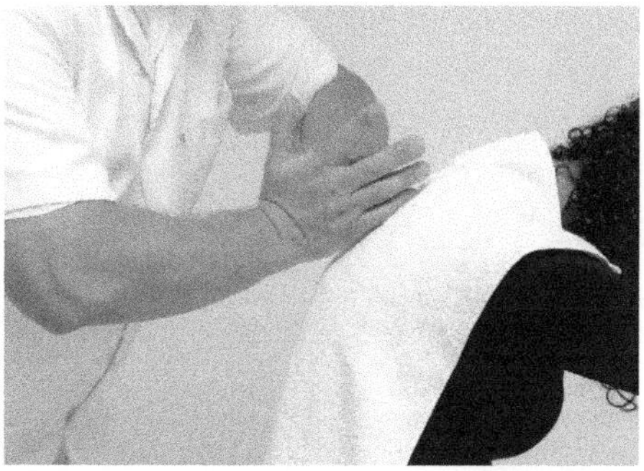

Pressão centrífuga

Amassamento e pressão sobre o braço direito – do músculo deltoide para a região do punho. Enquanto faz o lado direito, sua mão esquerda deve estar sobre o ombro esquerdo do cliente. Depois, alternar o movimento, mantendo a mão direita sobre o ombro direito.

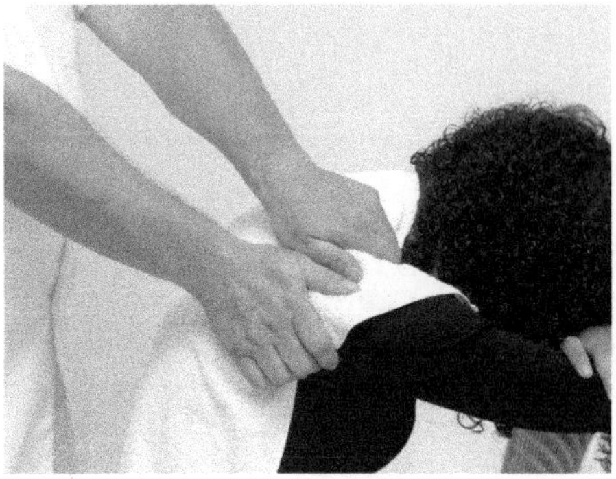

Massagem no pescoço

Com uma das mãos apoiada na nuca, massagear a região posterior do pescoço, atuando sobre o trapézio.

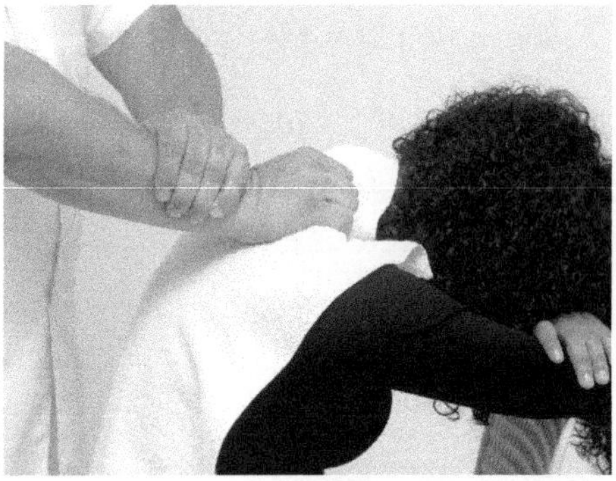

Massagem no couro cabeludo

Com os dedos polegares apoiados acima da região frontal e os demais dedos apoiados sobre a região temporal, realizar massageamento exploratório por toda a região, com movimentos alternados dos dedos.

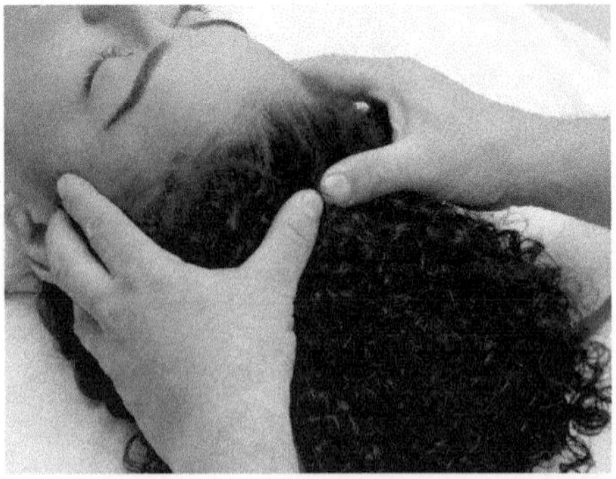

Pontos de pressão

Fazer pontos de pressão sobre o músculo trapézio, iniciando na décima segunda costela e subindo até a primeira, paralelos aos processos espinhosos.

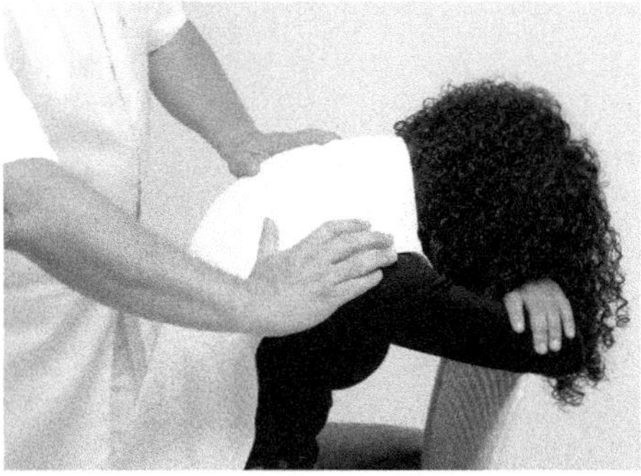

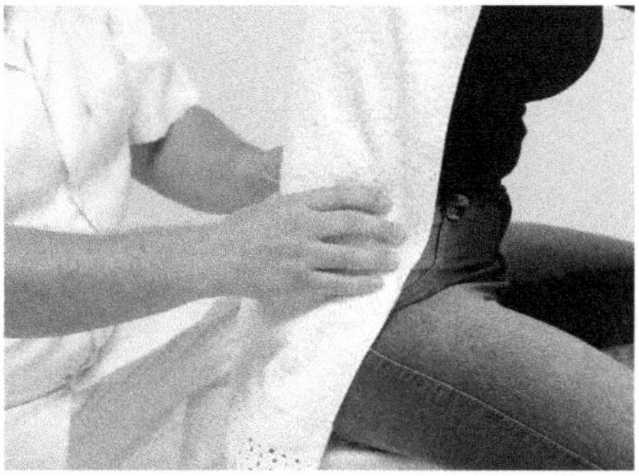

Percussão ulnar

Começar bem suave, até manter o ritmo. Massagear toda a extensão das costas.

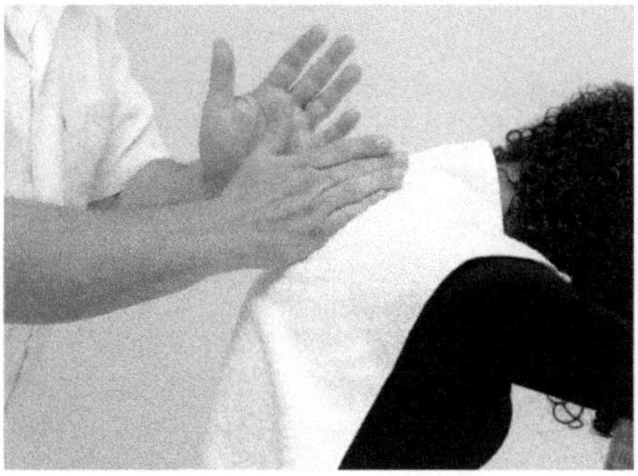

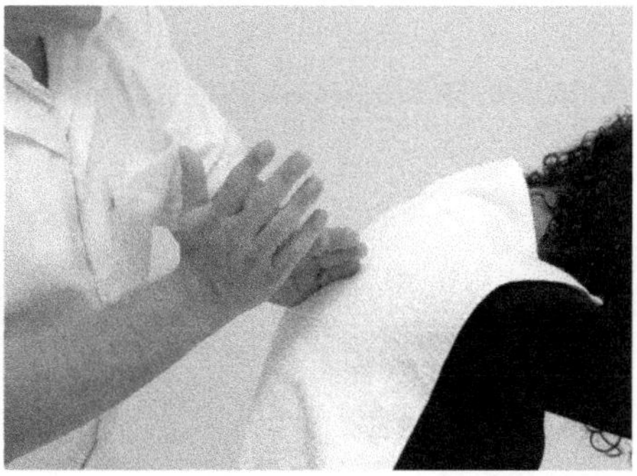

Beliscão terapêutico

Com as mãos em formato de pinças, dando ênfase às falanges distais, que apenas tocam e rapidamente perdem o toque, sendo substituídas pelas da outra mão. Massagear primeiro um lado, depois, o outro.

Percussão palmar

Manter sempre as mãos em forma de concha e, durante as percussões, observar sua própria postura, para que seja a mais confortável e adequada possível.

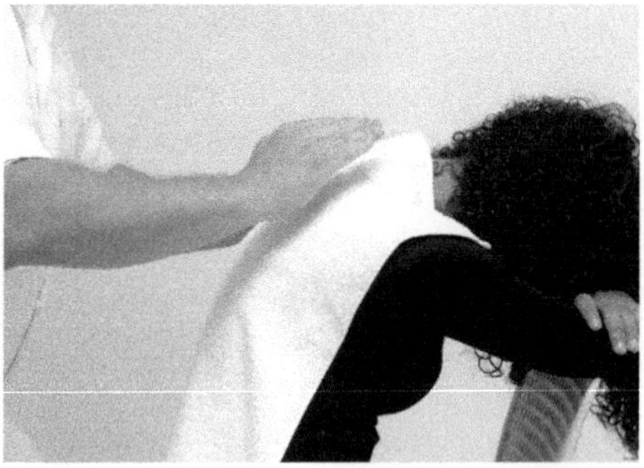

Deslizamento suave por toda a região massageada

Esse deslizamento é feito com as falanges distais, bem suavemente.

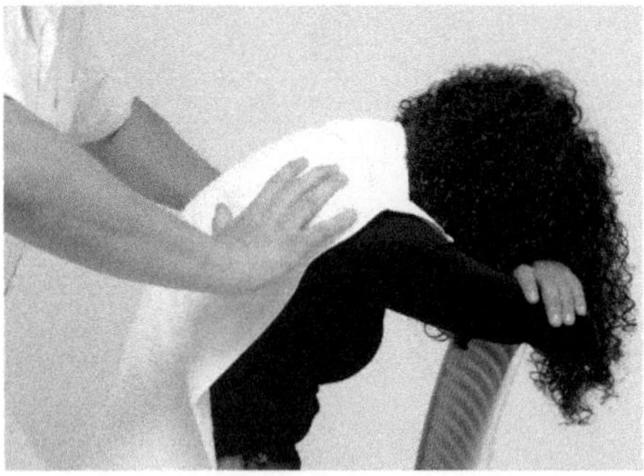

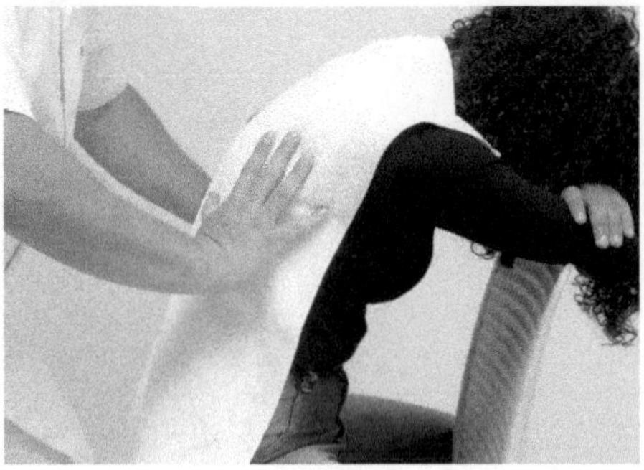

4.4 Massagem nas pernas

4.4.1 Sem uso de óleo ou de creme

Posicionamento

O cliente deve ser posicionado em decúbito ventral em uma mesa de massagem ou sobre um colchonete de forma confortável.

Apoios

Colocar apoios para os tornozelos, os quadris e o tórax. Os apoios para os tornozelos e os quadris devem ser cilíndricos; alguns são preparados para massagens, feitos de espuma. Podemos, também, adaptar colocando um colchonete enrolado para a região. Para o tórax, existem apoios apropriados como conforto, principalmente para as mulheres, cujas mamas podem estar em um momento mais sensível. O rosto deve ser posicionado sobre o respiro, e deve haver orifício adequado para o rosto: ou colocar apoio para a fronte, ou deixar, para livre escolha do cliente, a cabeça lateralizada. Nesse último caso, colocar uma toalha de rosto em faixa sobre os olhos, para descanso.

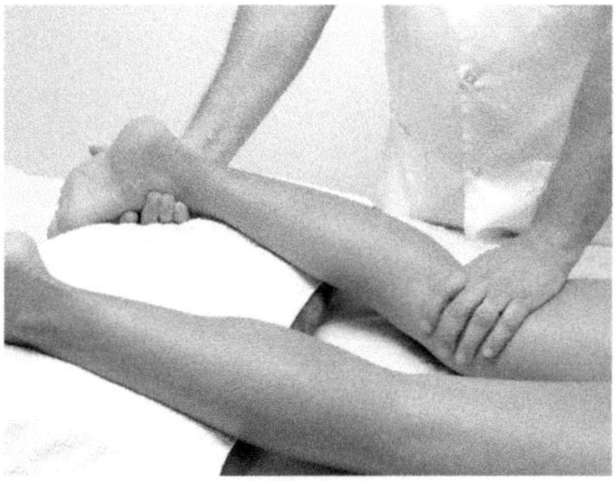

Equilíbrio da temperatura

Colocar as mãos aquecidas sobre a região posterior da perna esquerda. Manter por alguns segundos, para troca térmica.

Movimento compressivo

Iniciando a massagem na região inferior da perna, sobre o tendão do calcâneo, colocar as mãos juntas e fechadas, tocar somente com a região das falanges proximais. Movimentar no sentido centrípeto (das pernas para o coração), pressionando suavemente da mão inferior para a superior. Nesse momento, as mãos estão contribuindo para o retorno venoso e a diminuição da pressão dos músculos sobre toda a estrutura nervosa que passa abaixo. Sempre, em todos os movimentos nas pernas, diminua a pressão sobre a região poplítea, que além de ser mais sensível, é mais vulnerável, com nervos, artérias e veias mais superficiais e menos protegidos.

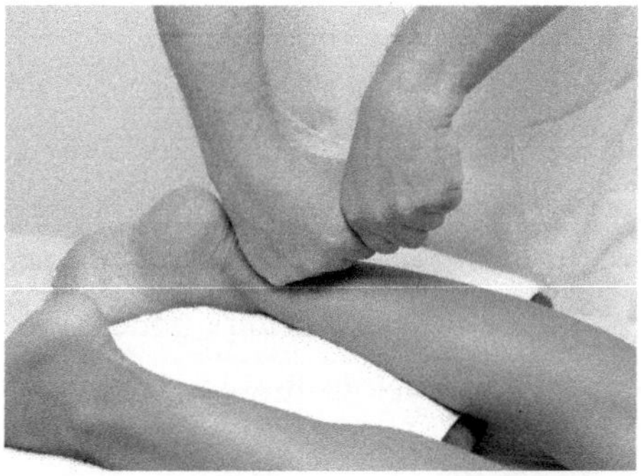

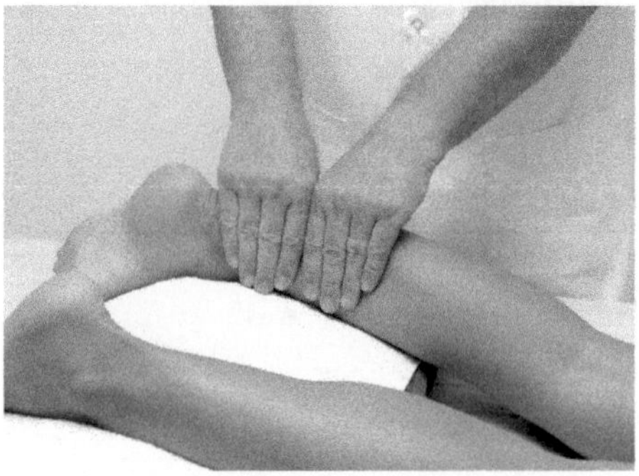

Preensão e deslizamento

Esse movimento promove uma sensação agradável de esvaziamento. O movimento é realizado com as mãos unidas; os polegares, porém, ficam separados dos demais dedos. Colocar sobre a região perto do calcanhar, iniciar com uma pressão de suave para forte, diminuir a pressão e deslizar mantendo ainda as mãos em toque, subindo no sentido do coração. Mantenha a flexão somente no movimento da primeira articulação; as demais podem incomodar, formando garras.

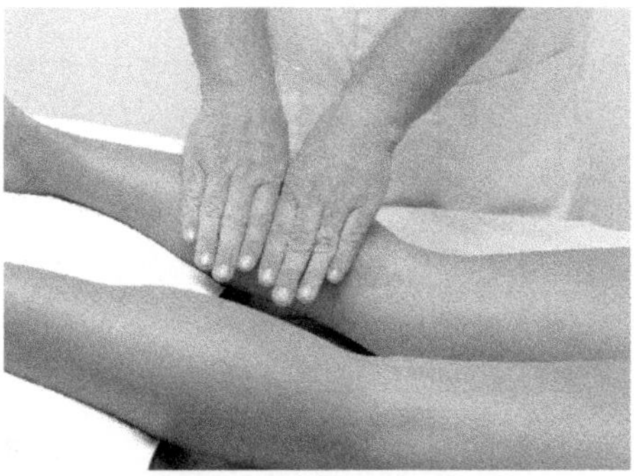
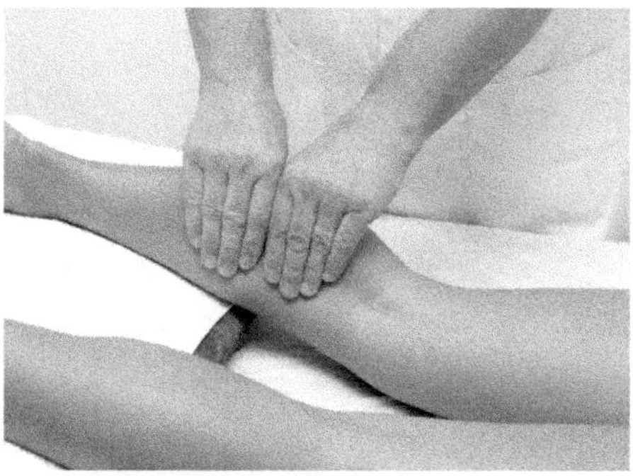
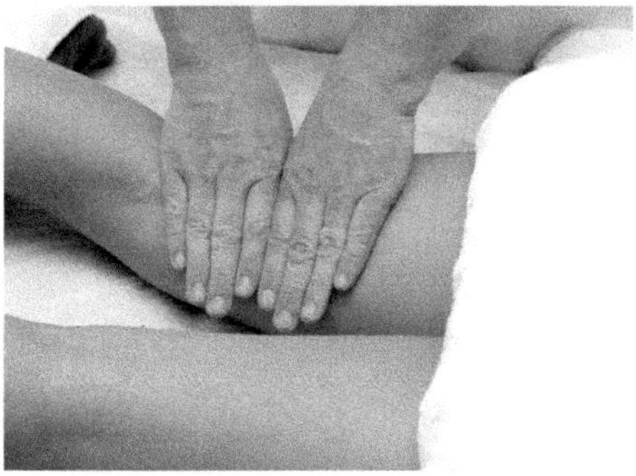
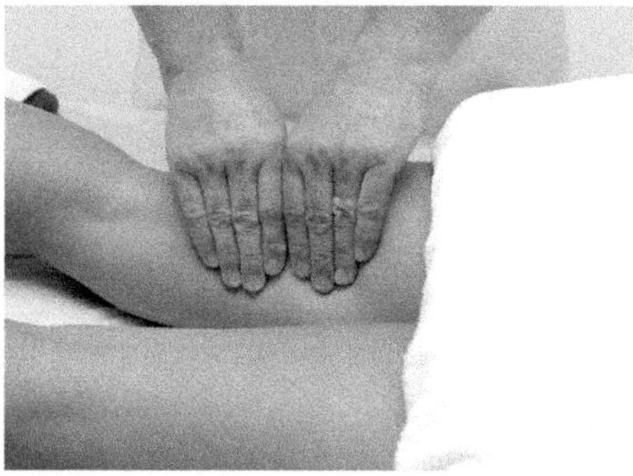

Amassamento em torção

Massagear com amassamento em torção toda a extensão da perna, iniciando sempre na região perto do calcanhar. Uma observação importante é que deve manter a distância, de uma mão à outra, de, pelo menos, dez centímetros, para não irritar a pele nem incomodar a pessoa massageada.

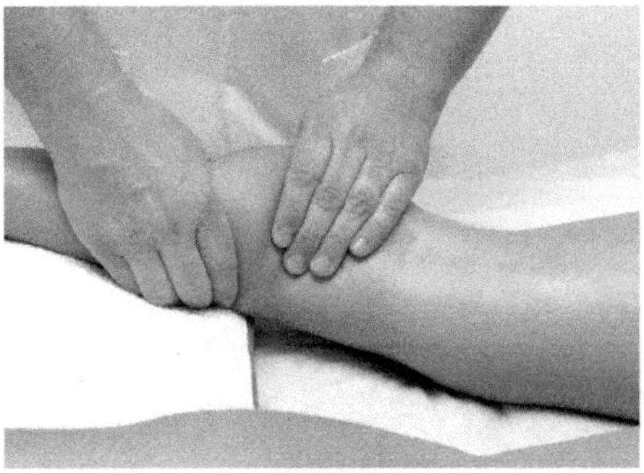

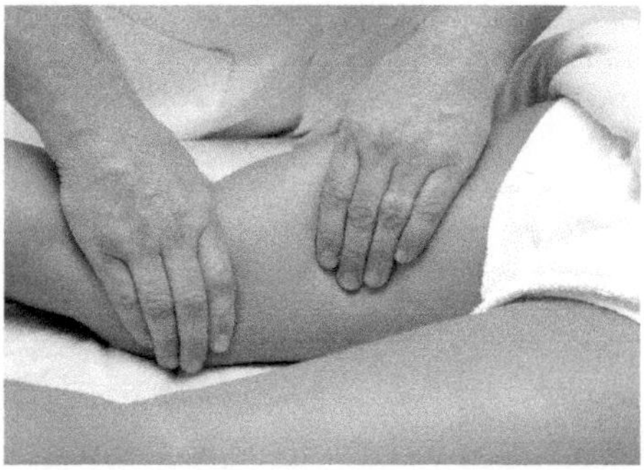

Deslizamento esvaziante

Deslizar primeiramente com a mão direita, usando o dedo mínimo com pressão deslizante. Ao terminar toda a extensão da região massageada, substituir pela mão esquerda, que desliza com o polegar e o indicador na frente, substituindo, assim, uma mão pela outra.

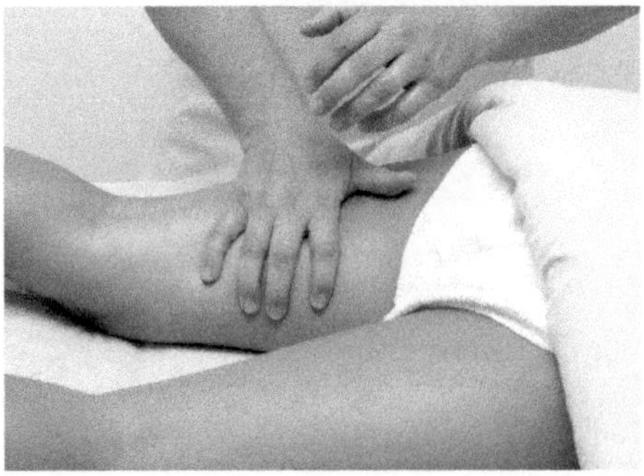

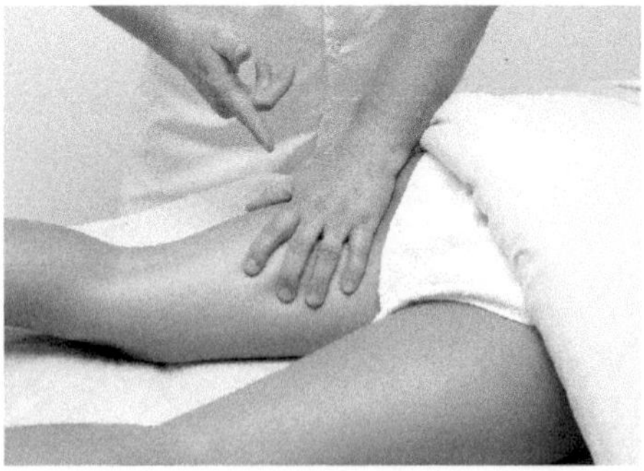

Beliscão terapêutico

Fazer o beliscão terapêutico iniciando sempre na parte interna da perna, realizando um percurso circular, descendo pela região externa da perna. Sempre mantenha as mãos bem perto uma da outra, para eficiência do movimento.

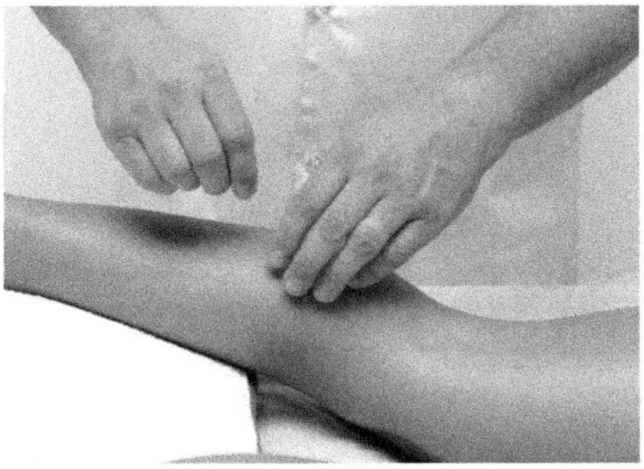

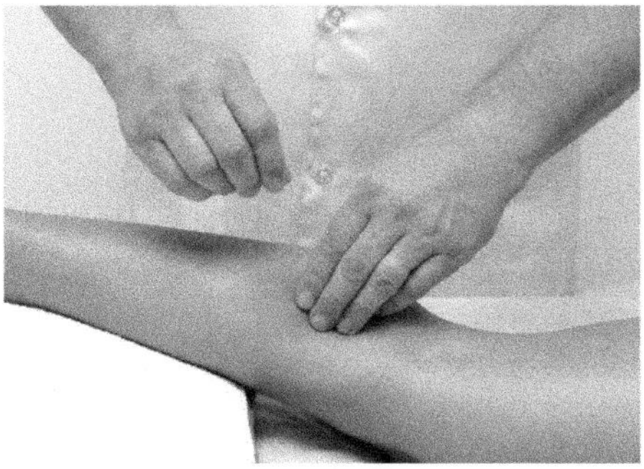

Percussão ulnar

Com as mãos paralelas, fazer a percussão ulnar alternada, mantendo os dedos suavemente relaxados e entreabertos. Esse movimento percorre toda a região da perna, em ambos os sentidos (centrífugo e centrípeto).

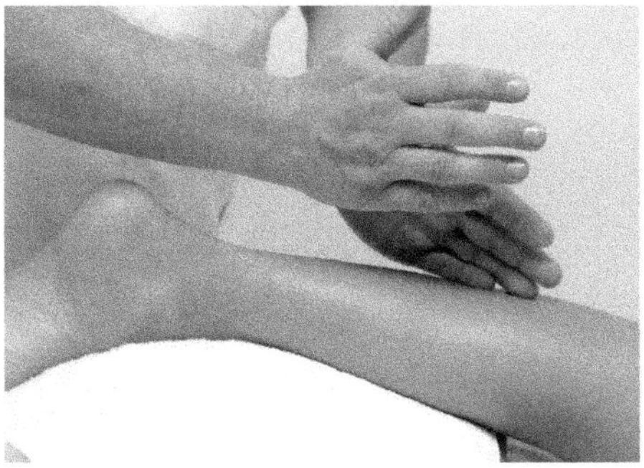

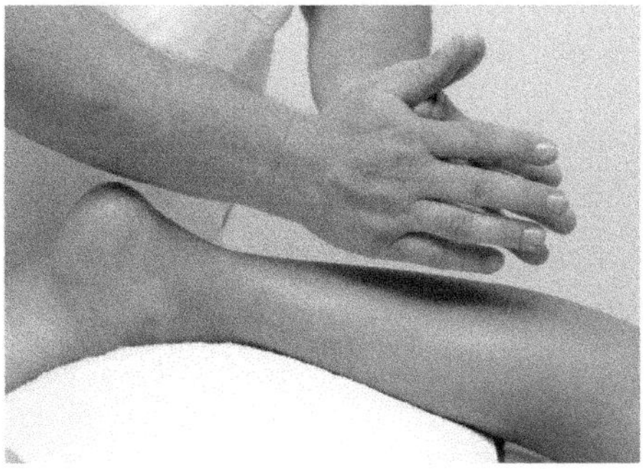

Deslizamento suave com os dedos

Com as falanges distais, é realizado o deslizamento no sentido craniossacral (centrífugo), sempre alternando as mãos para não perder o contato com a pessoa massageada. Para se certificar de que a força, a pressão e o ritmo estão agradáveis, pergunte ao cliente. Depois, passe para a outra perna.

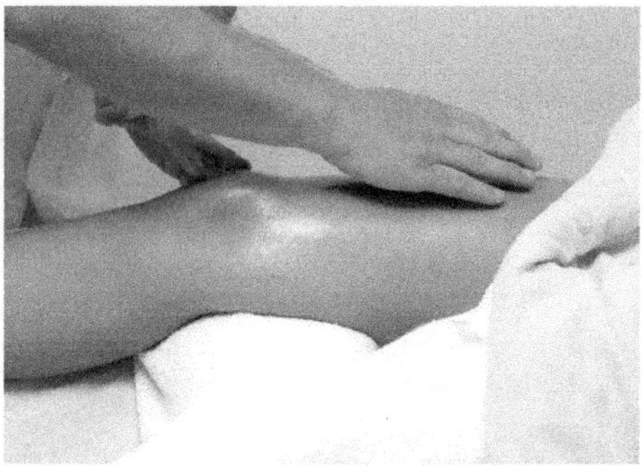

4.5 Massagem facial antiestresse

4.5.1 Sem uso de óleo ou de creme

Posicionamento

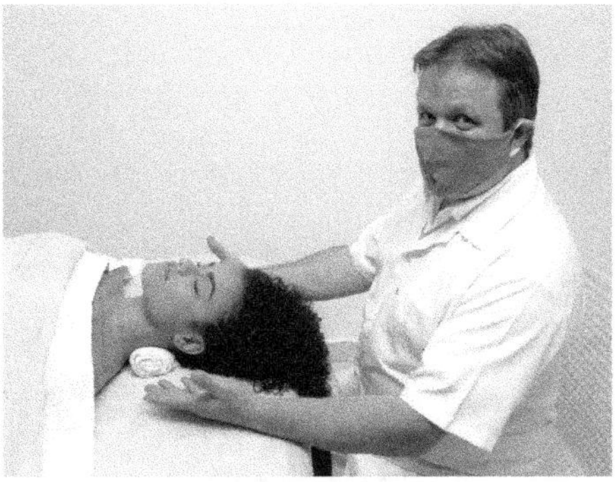

O cliente deve posicionar-se em decúbito dorsal, de forma confortável, em uma mesa de massagem ou sobre um colchonete.

Posicionar-se diante da cabeça do cliente.

Aquecimento das mãos

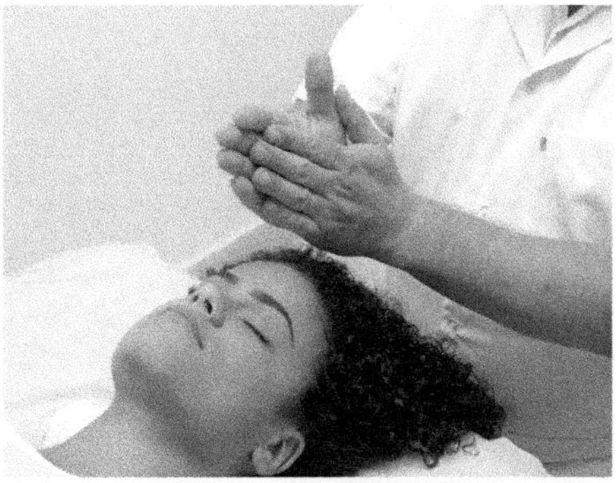

Friccionar as mãos e fazer o exercício do ímã, para aquecê-las. Esse exercício consiste em sentir como se um elástico ou um ímã estivesse entre as suas mãos.

Equilíbrio da temperatura

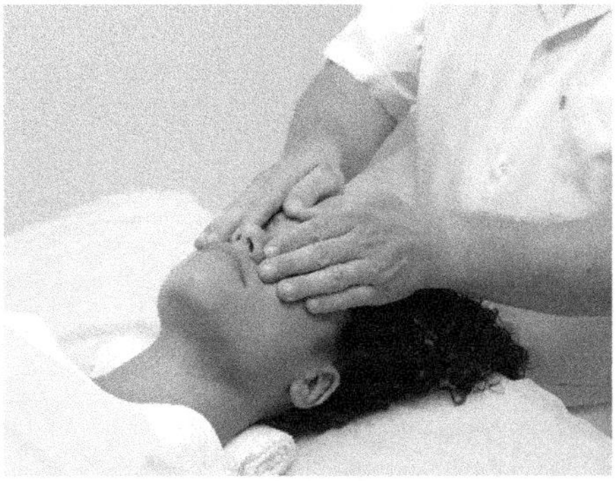

Colocar as mãos na região da face do cliente e mantê-las ali até que a temperatura da região que está sendo tocada fique igual à de sua mão. Sempre tomar cuidado com o nariz e com os olhos. Esse processo dura cerca de dez segundos, para que ocorra realmente uma troca térmica e energética.

Deslizamento longitudinal com os polegares

Massagear o músculo frontal, com os polegares sobre a região, posicionados no sentido longitudinal. O movimento é realizado de forma alternada; a pressão tem início de forma suave e, aos poucos, vai aumentando de forma agradável.

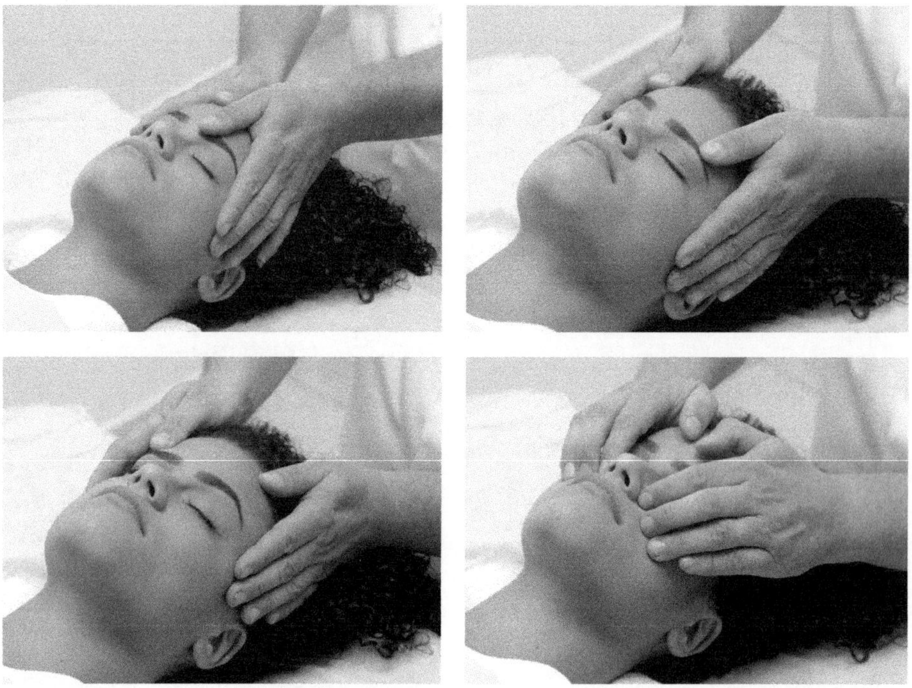

Deslizamento sobre as sobrancelhas

Massagear a região das sobrancelhas, com os polegares e os demais dedos formando uma canaleta preensiva sobre a região. Sempre partindo do centro para a lateral, deslizar com ambas as mãos simultaneamente.

Uma regra na massagem para deixá-la eficiente é não perder o contato com seu cliente durante toda a prática; assim, retire primeiro uma das mãos e reposicione-a no ponto inicial, depois, repita com a outra. Dessa forma, sempre estará mantendo contato.

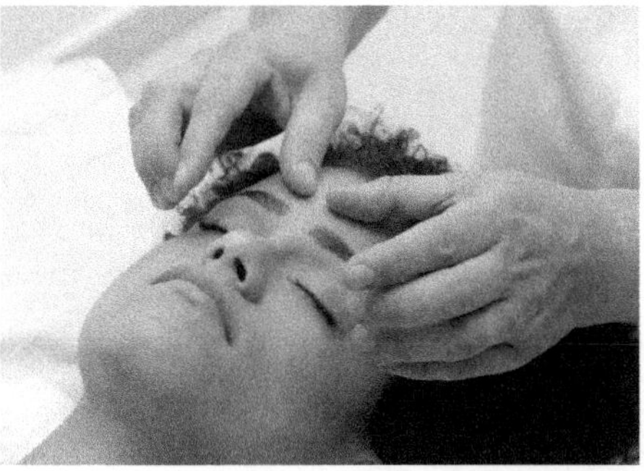

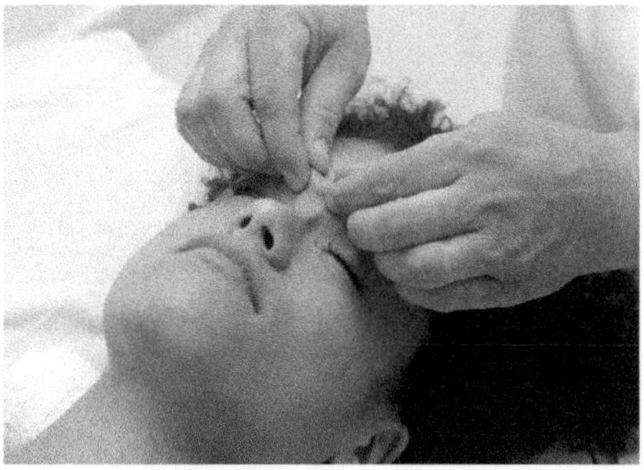

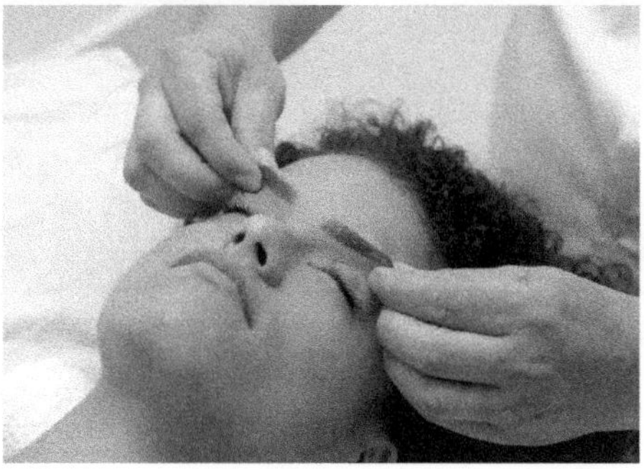

Dedilhamento e deslizamento com os dedos

Manter os dedos polegares entre as sobrancelhas. Com os demais dedos, fazer um dedilhamento sobre a região nasal e, em seguida, realizar um deslizamento sobre os seios nasais. Mantendo os polegares em contato com o rosto do cliente, os demais dedos reiniciam o movimento.

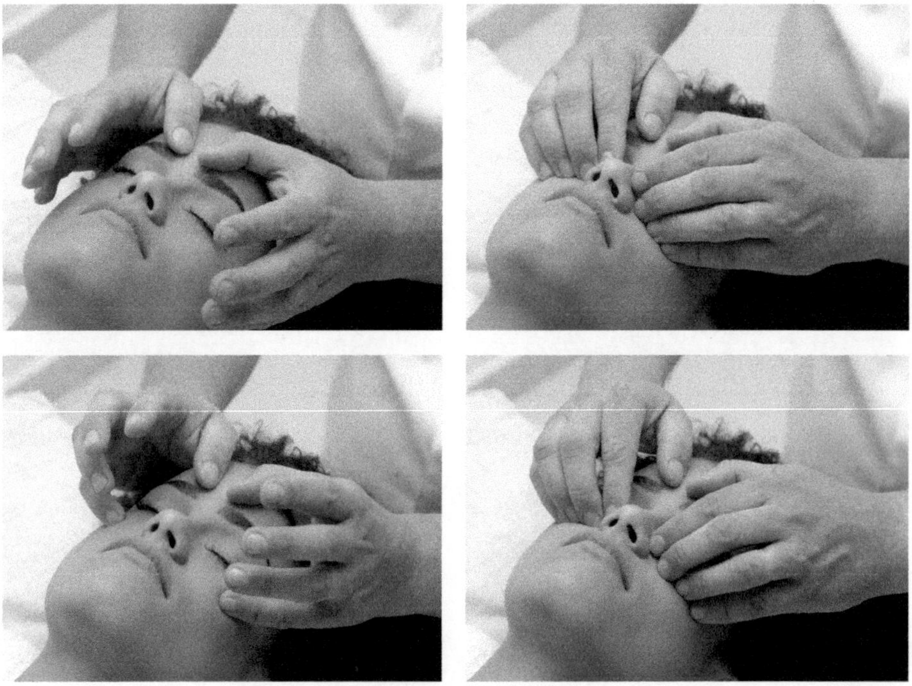

Massagem circular

A mão direita sempre desliza com o movimento circular para a direita, e isso também ocorre com a mão esquerda. Esse movimento é iniciado sobre a região da articulação temporomandibular e explora toda a região inferior da face. O ideal é que a massagem seja bem agradável: para isso, a passagem de um movimento para o outro deve ser quase imperceptível para a pessoa massageada.

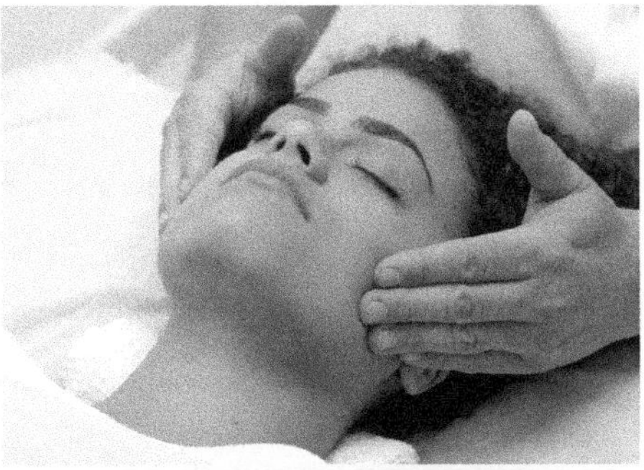

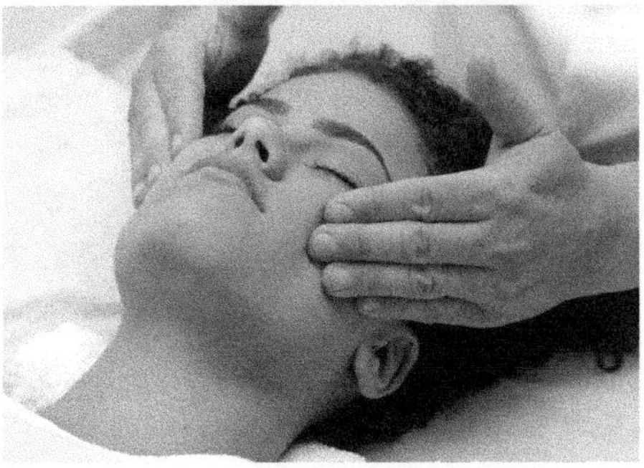

Deslizamento com os dedos sobre os lábios

Iniciando com o posicionamento de uma das mãos e, depois, da outra, colocar os polegares sobre o lábio superior e os demais dedos sobre o lábio inferior. Realiza-se um deslizamento, favorecendo a expressão do sorriso. Reinicie o movimento, sempre retirando uma das mãos e, depois, a outra.

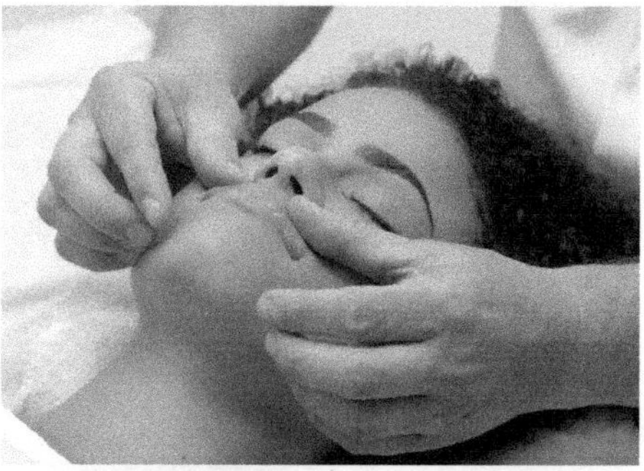

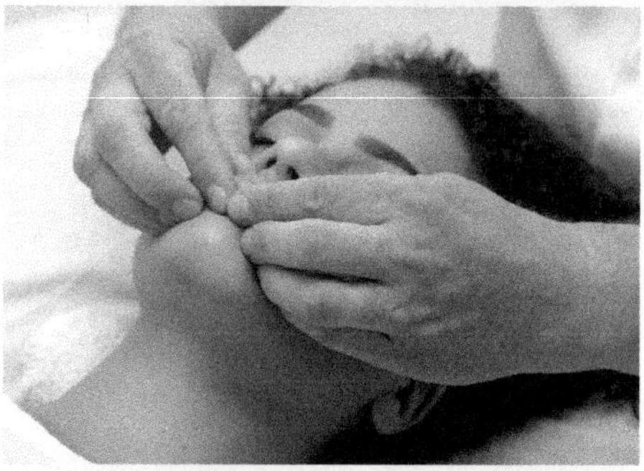

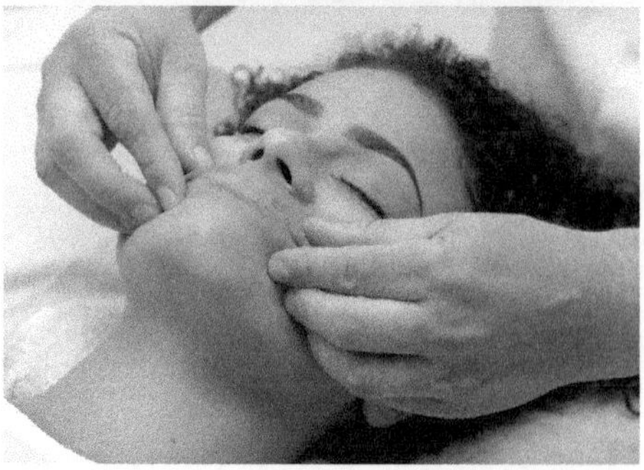

Deslizamento sobre a região da mandíbula

Como é uma região com muitas glândulas, artérias e veias, a massagem é realizada de forma bem suave, colocando os polegares acima da mandíbula e os demais dedos abaixo. Deslizar com ambas as mãos, até tocar perto da região inferior da orelha, sem se esquecer de retornar primeiro com uma das mãos e, depois, com a outra.

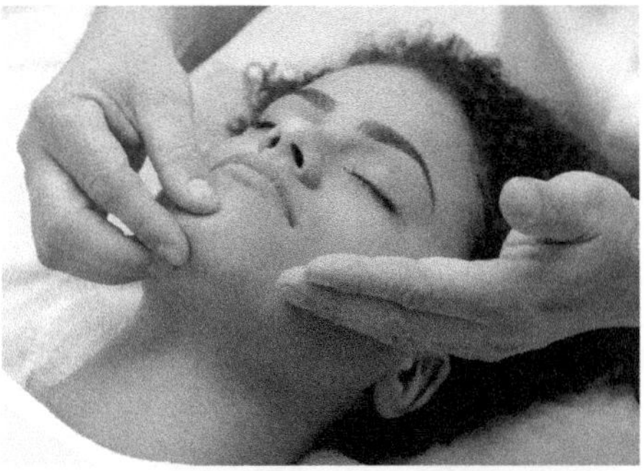

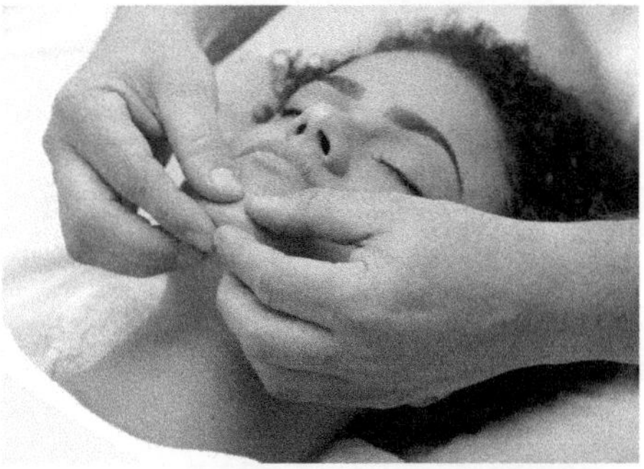

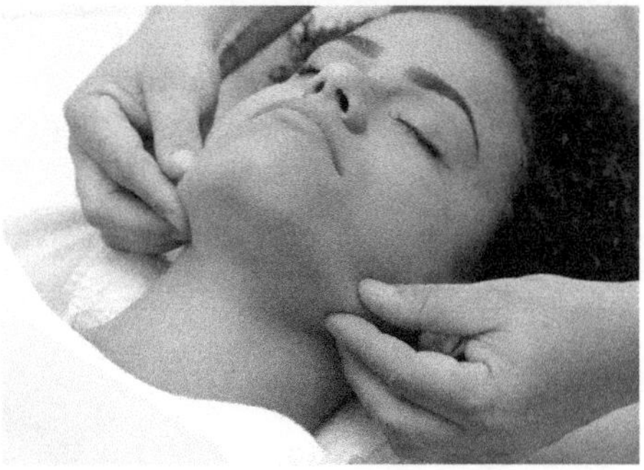

Deslizamento com tração na orelha

Nesse momento, é realizado um deslizamento suave, com pequena tração dos lóbulos inferiores no sentido longitudinal, em direção aos pés. A ênfase está nos polegares; os dedos indicadores ficam de apoio, atrás da orelha.

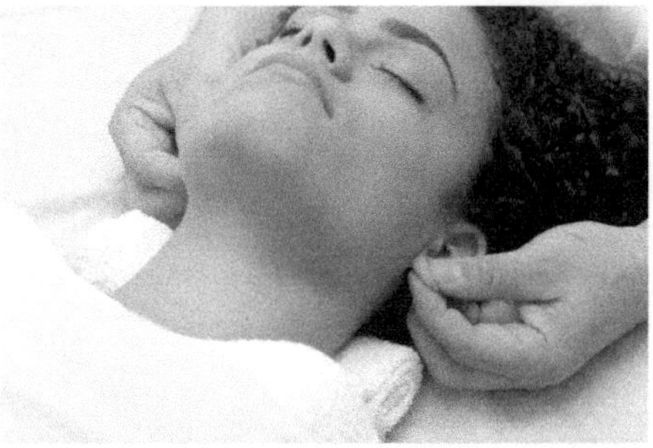

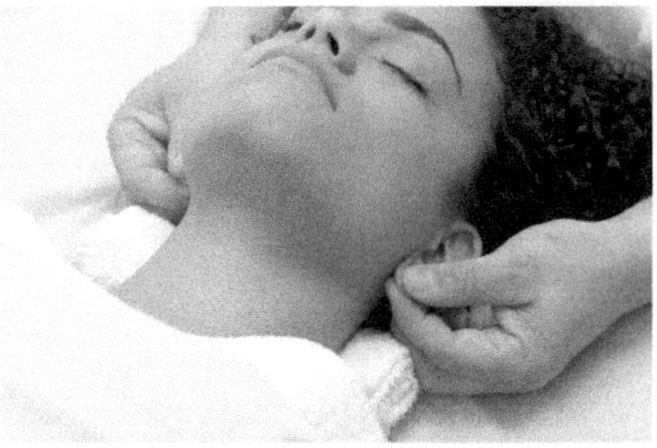

É realizado o movimento de deslizamento, com discreta tração no sentido transversal, mas, nesse momento, sobre a hélice da orelha, na qual encontramos a cartilagem firme no ponto central.

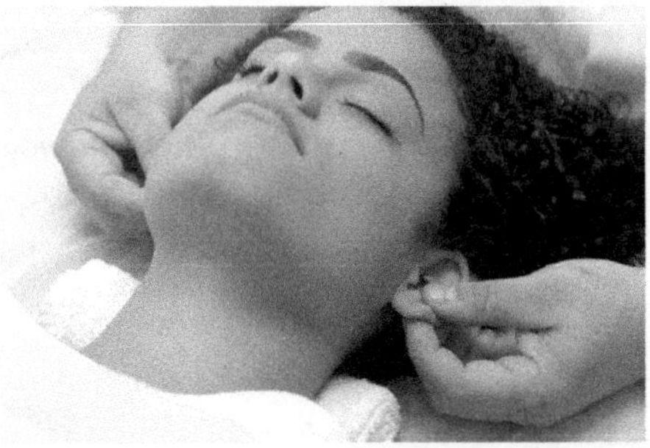

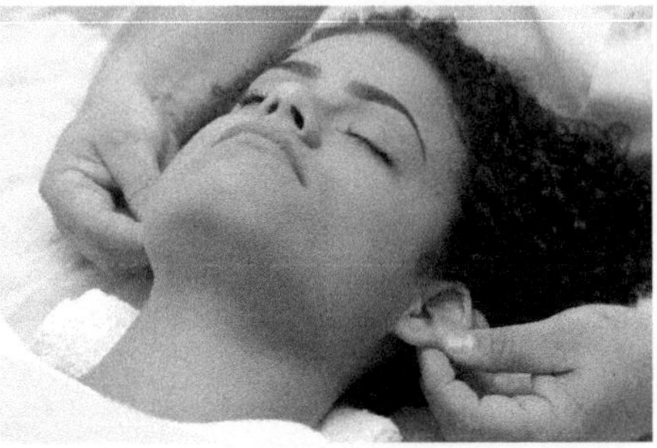

Na região do tubérculo da orelha, no ponto mais alto, o deslizamento é realizado no sentido longitudinal.

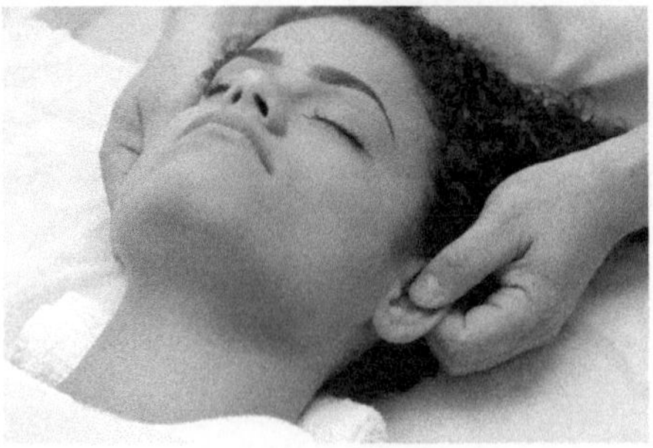

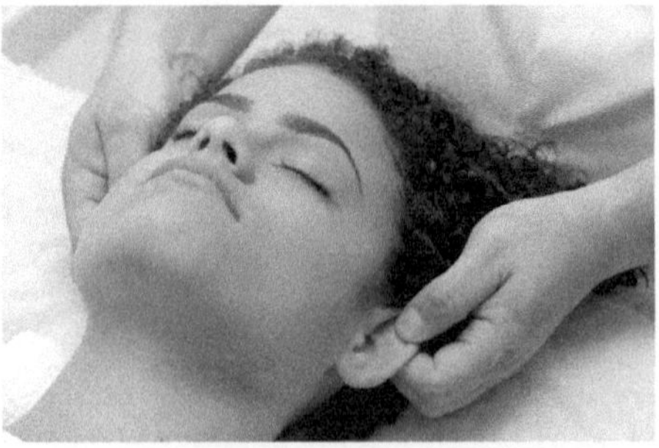

Movimento circular na orelha

Manter as mãos espalmadas sobre a região da orelha e realizar movimentos circulares e suaves. Primeiro, para a frente, com ambas as mãos, simultaneamente; depois, para trás.

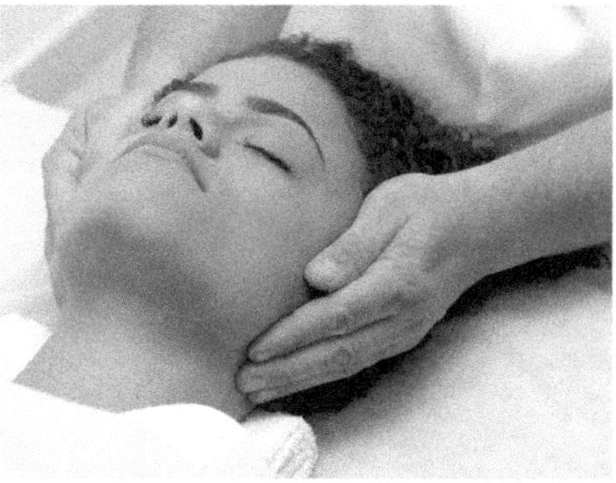

Dedilhamento sobre a face

Dedilhar com as falanges distais por sobre toda a extensão da face.

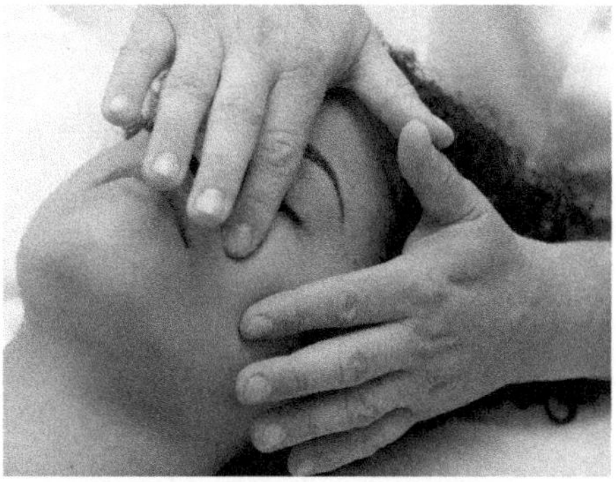

Beliscão terapêutico alternado

Com ambas as mãos, realizar o beliscão terapêutico rápido e alternado sobre toda a extensão inferior da face.

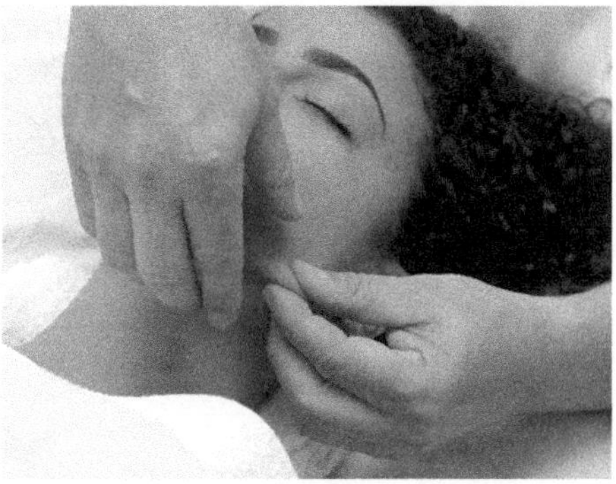

Deslizamento em prece sobre a face

Massagear toda a face por meio deste deslizamento em prece. As mãos são colocadas verticalmente sobre a face, com posição em prece. Utilizando a borda lateral da mão, deslizar esticando suavemente toda a pele da face, contornando com toda a borda das mãos a região lateral ao nariz.

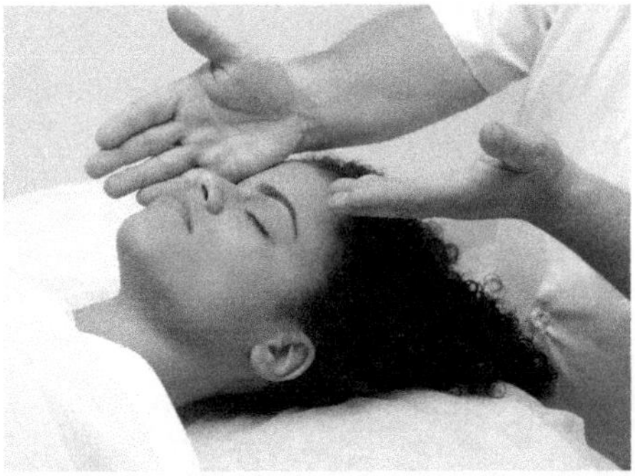

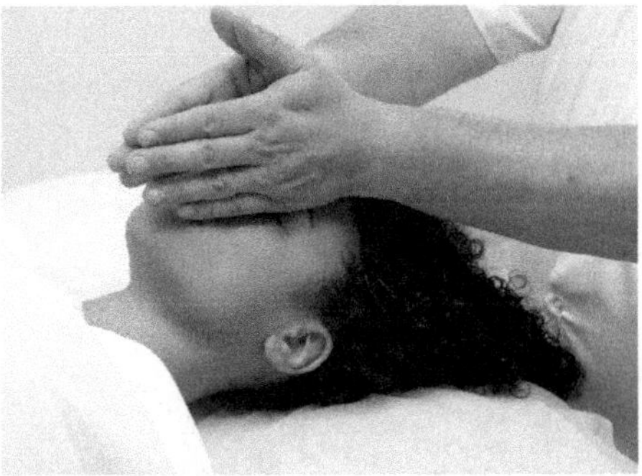

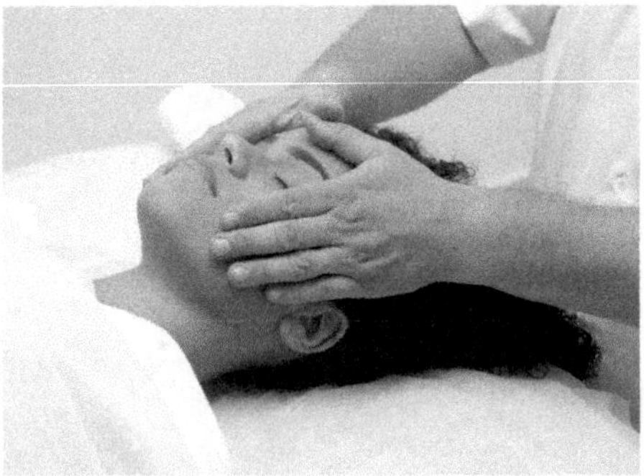

Deslizamento com os dedos

Deslizar, com as falanges distais desde a região da mandíbula até o couro cabeludo.

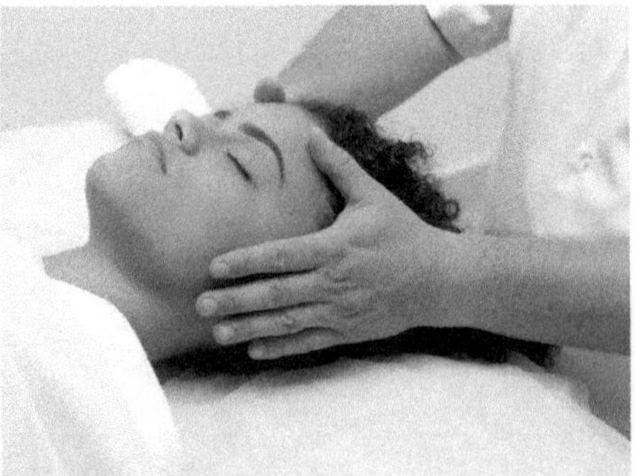

4.6 Massagem nos pés

Conforme citado no Capítulo 1, *História da massagem*, as pessoas permitem o toque para que possam sentir o mundo à sua volta e perceber que estão vivas. Ser massageado nos pés, entretanto, é permitir sentir seu mundo interior, seus bloqueios, suas tensões, suas dores, algumas agudas, outras latentes, regiões de tensões adormecidas, que são despertadas por meio da massagem.

Os pés apresentam uma profunda relação com todos os órgãos. Se algum deles começar a trabalhar de forma não sincronizada, as manifestações aparecem, e a primeira área revelada pela falta de harmonia são os pés.

Planejar a rotina de trabalho é fundamental para quem vai trabalhar com massagem nos pés. Seguem algumas dicas sobre a organização e a postura profissionais:

- Organizar o ambiente de trabalho, de maneira que esteja adequado à prática de massagem nos pés.
- Posicionar a escada para o cliente subir na maca.
- Fazer a higiene das mãos seguindo as normas de biossegurança.
- Higienizar a maca com álcool 70°.
- Realizar com proficiência a anamnese e o exame físico.
- Demonstrar postura e comportamento profissionais.
- Receber o cliente de modo adequado.
- Antes de iniciar a massagem, retirar anéis, pulseiras, correntes, relógio etc. do cliente e acomodar esses acessórios em local apropriado e seguro.
- Lavar as mãos, utilizando, também, a escovinha de unhas.
- Posicionar o cliente adequadamente na maca.
- Colocar apoios embaixo dos joelhos e dos tornozelos, mantendo os pés mais altos do que a cabeça.
- Realizar a higienização dos pés com loção para higienização corporal, com produtos específicos para os pés, com álcool em gel 70° ou com lenços umedecidos.
- Cobrir o cliente com um lençol. Deixá-lo descoberto da linha dos joelhos para baixo.

- Colocar uma música suave e agradável para o cliente.
- Higienizar as mãos novamente.
- Eleger produtos cosméticos necessários à realização da higienização, da esfoliação e da tonificação, além do creme de massagem.
- Certificar-se de que o celular esteja desligado ou no modo silencioso.
- Informar às demais pessoas presentes no ambiente (se houver) que está em procedimento de massagem. Pedir a contribuição para o silêncio.

4.6.1 Cliente em decúbito dorsal

Cada movimento deve ser realizado de dez a doze vezes. Sempre começar de maneira suave, aumentar a pressão das mãos e terminar suavemente.

1. Aquecimento das mãos por meio de fricção.

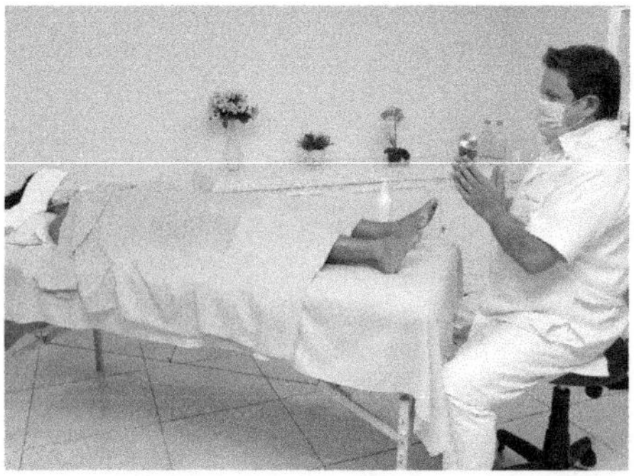

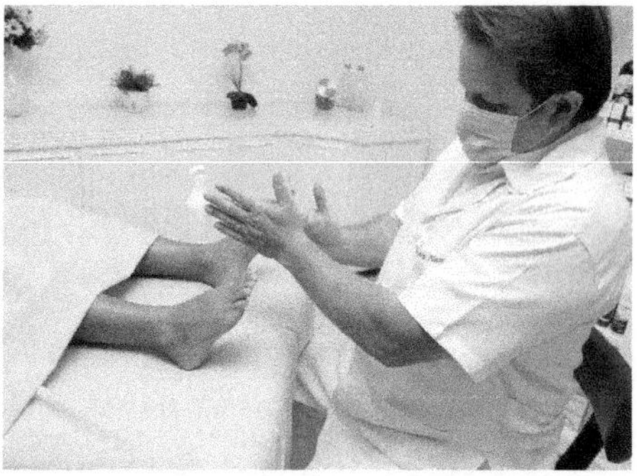

2. Tocar a região do pé esquerdo e manter a mão nesse local por alguns segundos.

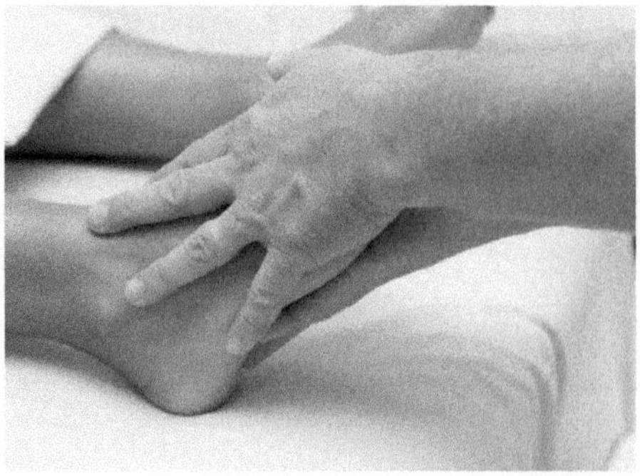

3. Lubrificar toda a região do pé (planta, dorso e acima dos maléolos).

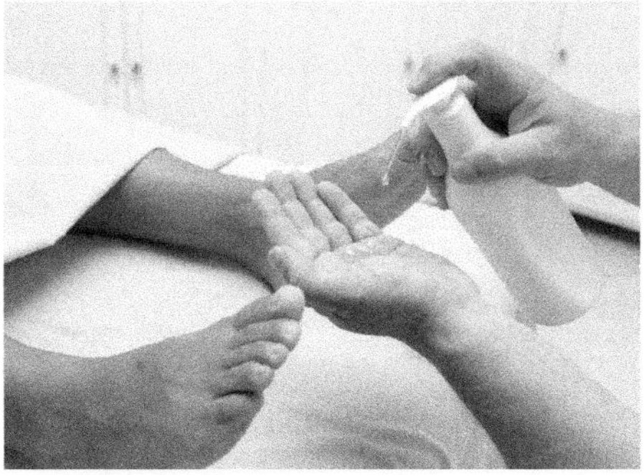

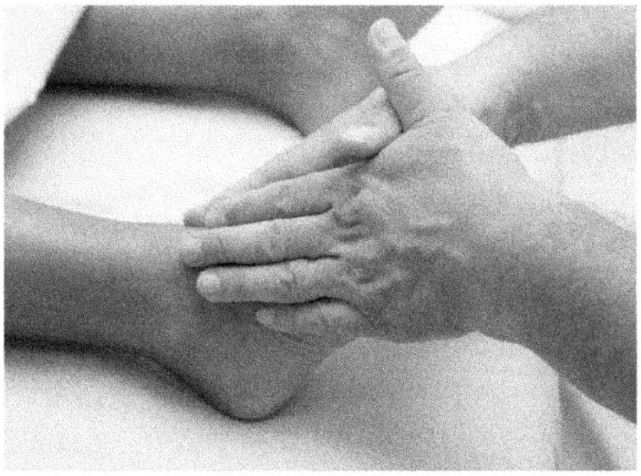

4. A mão esquerda é a mão de apoio e deve ser colocada sobre o dorso do pé. Com o polegar direito, deslizar com a falange distal, do sentido lateral para o medial, sobre a região alta da planta do pé. Visualize três linhas: superior, média e inferior. Deslize o polegar em cada linha de forma alternada, de cinco a sete vezes.

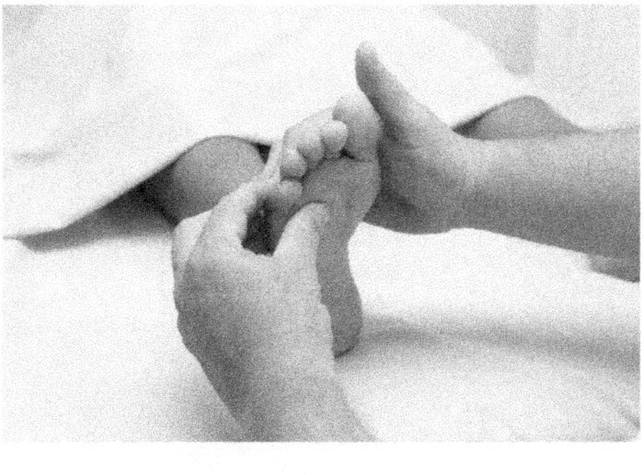

5. Deslizar o polegar direito na região central do pé, da região medial para a lateral.

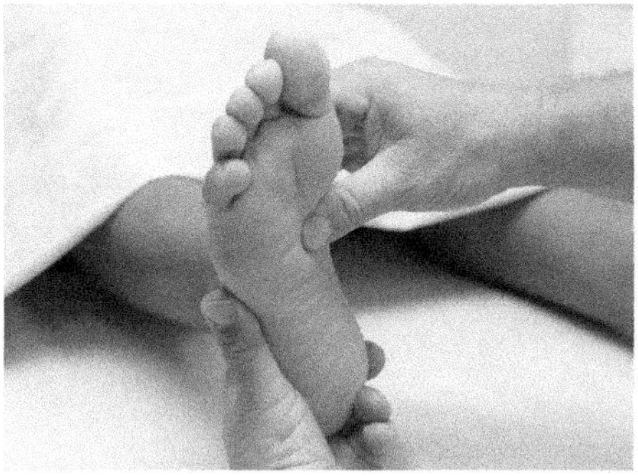

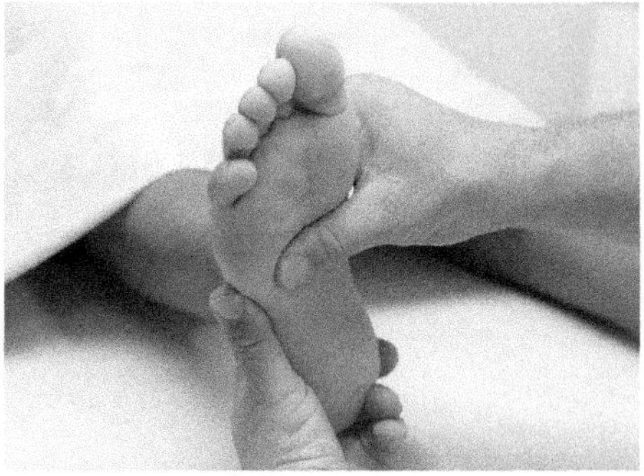

6. Deslizar o polegar esquerdo na região inferior (calcanhar), da região lateral para a medial.

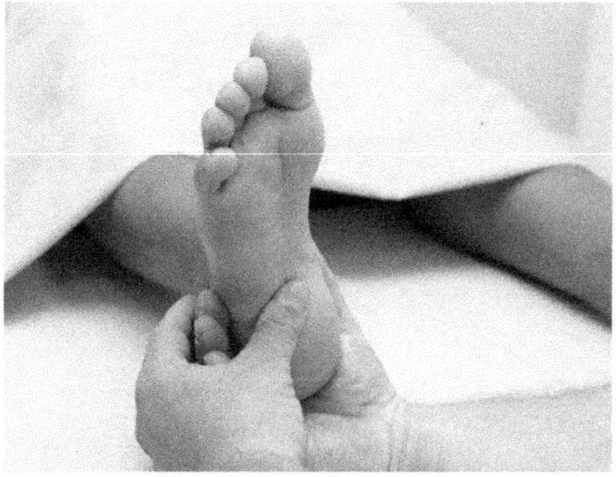

7. Deslizar os polegares de forma alternada, no sentido longitudinal, dos dedos para o calcanhar. Repetir o movimento três vezes.

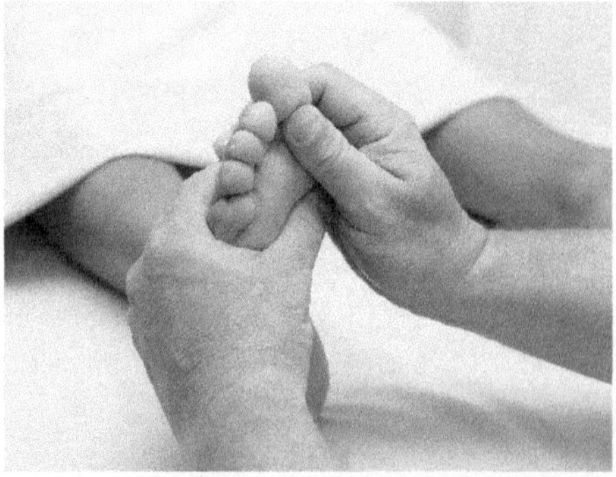

8. Posicionar os dedos indicador e médio entre os dedos do pé do cliente e, suavemente, fazer um deslizamento dos dedos, favorecendo, assim, o afastamento entre os dedos do pé, com um movimento em giro no final do deslizamento.

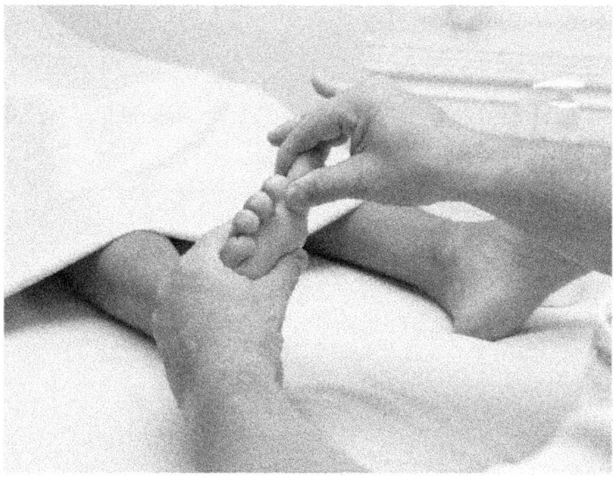

9. Massagear os dedos com tração e torção suave em cada dedo do pé. Utilizar os três dedos de ação: indicador, médio e polegar.

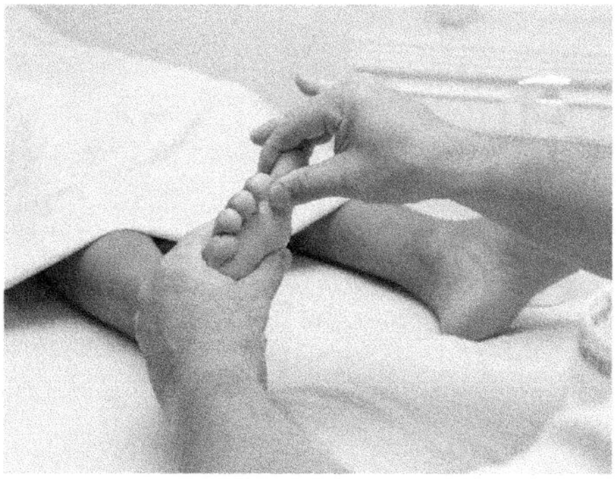

10. Deslizar o polegar da mão esquerda por toda a linha do arco do pé, que representa a região de toda a coluna vertebral, no sentido do calcanhar para o hálux.

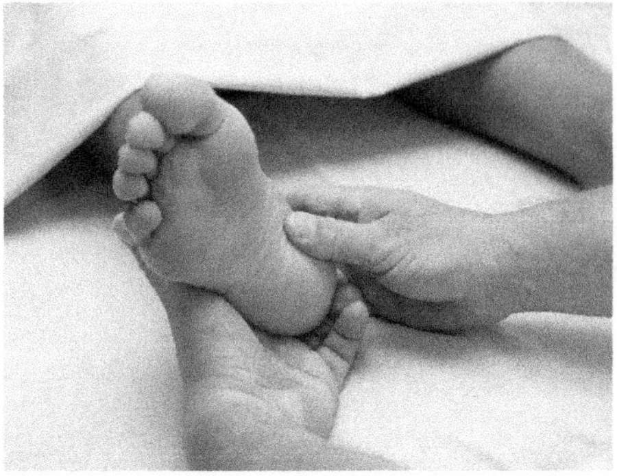

11. Deslizar com os dedos indicador e médio, ambos flexionados, deixando um vão entre eles, sobre a região lateral do pé, no sentido dedo-calcanhar, área responsável pelo sistema imunológico.

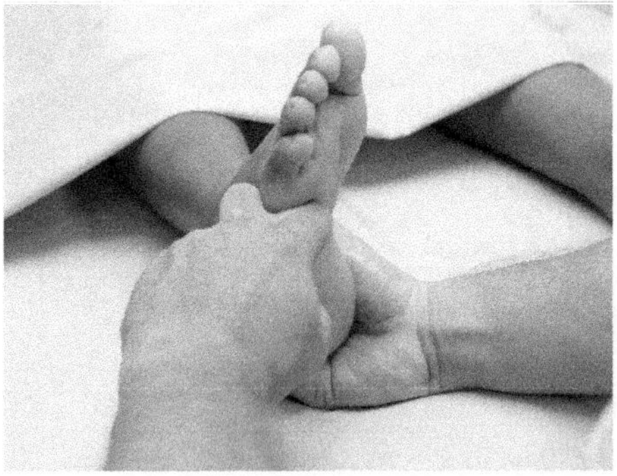

12. Pressionar suavemente, de forma alternada, com as falanges distais dos polegares, sobre a região central da planta do pé, no sentido do coração.

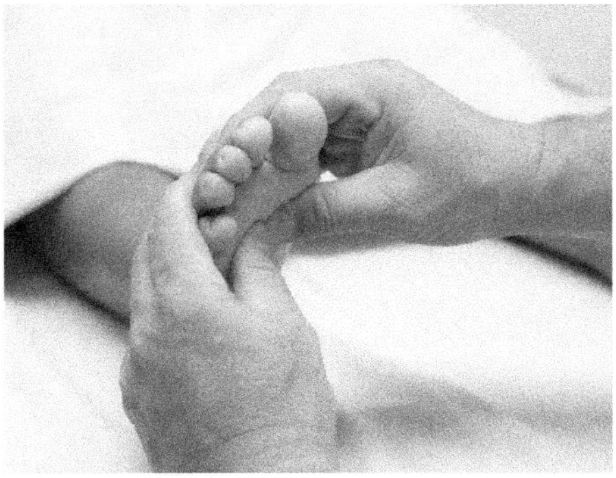

13. Realizar uma abertura metatársica, com os polegares paralelos, pressionando no centro do dorso de pé, em três áreas: superior, média e inferior. Os demais dedos favorecem a abertura, tocando na região plantar, exercendo força contrária aos polegares, apoiados no dorso do pé.

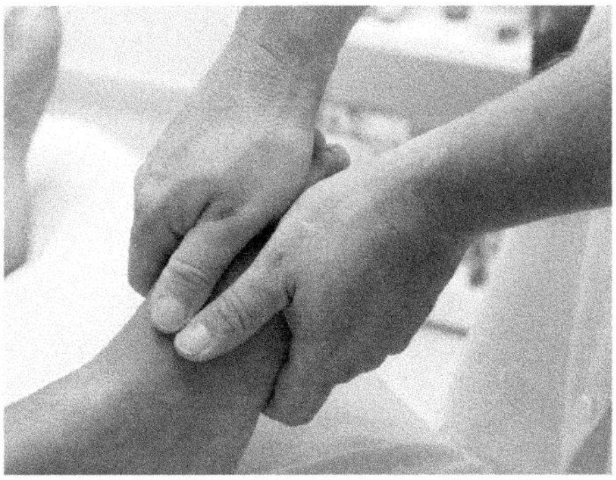

14. Rolamento com o pé entre ambas as mãos, as quais devem ficar em posição relaxada, porém, com movimentos rápidos e alternados. Percussão suave sobre o dorso do pé.

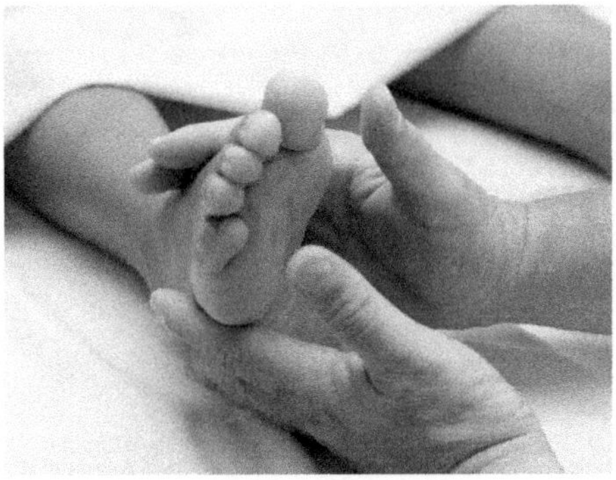

15. Deslizamento suave para finalização.

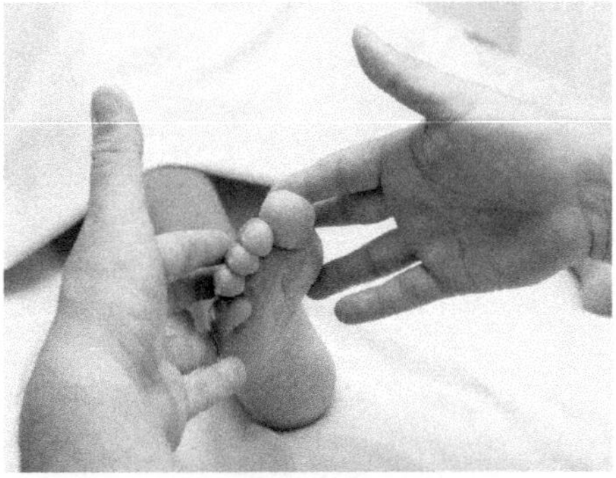

16. Realizar todo o procedimento no pé direito.

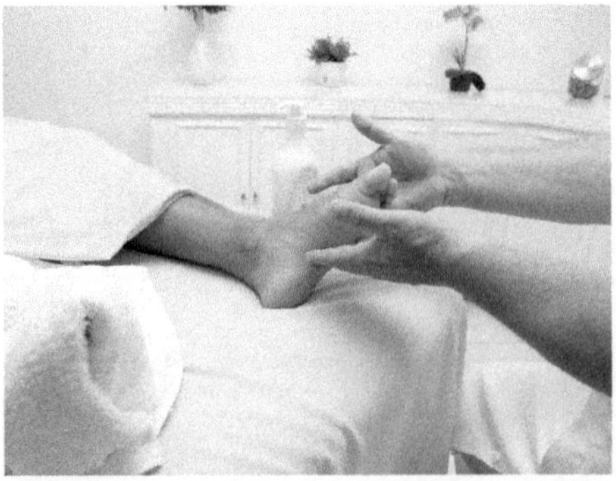

Observações:

- No início da massagem, sempre questionar se a pressão das mãos está agradável.
- Após o término da massagem, cobrir o cliente e orientá-lo a descansar por alguns minutos em decúbito lateral esquerdo.
- Ao despertar o cliente, seja bem gentil.
- Oriente o cliente quando ele se levantar, auxiliando-o. Converse com ele, para obter o *feedback* da massagem.

Boa massagem!

Referências

Austregésilo, A. S. B. *Curso de massagem oriental*: linguagem do tato. Rio de Janeiro: Ediouro, 1988.

Barbanti, V. J. *Teoria e prática do treinamento desportivo*. São Paulo: Blucher, 1997.

Belzunce, J. M. *Masaje en los deportes*: manual práctico del masajista. Barcelona: Vinuesa, 1959.

Campos, M. *Aprenda a fazer massagens*. Rio de Janeiro: Ediouro, 1988.

Crane, J. D. *et al.* Massage therapy attenuates inflammatory signaling after exercise--induced muscle damage. *Sci. Translat. Med.*, v. 4, n. 119, p. 119, 2012. DOI: 10.1126/scitranslmed.3002882.

Figueira, J. E. *Massagem viçosa*. Minas Gerais: Oficinas Gráficas da Imprensa Univers, 1979.

Fritz, S. *Mosby's fundamentals of therapeutic massage*. 6th. ed. London: Elsevier, 2016.

Gallego, V.; Crespo, J. *El masaje transverso profundo*. Madrid: Mandala, 2000.

Giam, C. K.; Teh, K. C. *Medicina esportiva*: exercícios para aptidão física. São Paulo: Livraria Santos, 1989.

Leitão, A. *Elementos de fisioterapia (medicina física)*. 2. ed. Rio de Janeiro: Artenova, 1970.

Lipp, M.; Rocha, J. C. *Stress, hipertensão arterial e qualidade de vida*: um guia de tratamento para o hipertenso. Campinas: Papirus, 1994.

Motta, F. *Enciclopedia Motta*. 2. ed. Milano: Motta, 1959. v. 5.

Oliveira, O. *O atleta moderno*: dicas e verdades para o esportista. São Paulo: CeTeC, 1987.

Pemberton, R.; Cajori, F. A.; Crouter, M. S. The physiologic effect of massage. *JAMA*, v. 83, n. 22, p. 1761-3, 1924.

Rumpler, B.; Schutt, K. *Guia prático das massagens*. Lisboa: Presença, 1993. (Habitat).

Toro-Velasco, C. *et al.* Short-term effects of manual therapy on heart rate variability, mood state, and pressure pain sensitivity in patients with chronic tension-type headache: a pilot study. *J. Manipulative Physiol. Ther.*, v. 32, n. 7, p. 527-535, Sept. 2009. DOI: 10.1016/j.jmpt.2009.08.011.

TSUJI, H.; CURI, P. R.; BURINI, R. C. Alterações metabólicas e hormonais em nadadores, durante o treinamento físico. *R. Bras. Ci. e Mov*. v. 7, n. 2, p. 35-41, 1993.

VARENNE, F. *Ginástica para a saúde*. São Paulo: Paulinas, 1956.

WEERAPONG, P.; HUME, P. A.; KOLT, G. S. The mechanisms of massage and effects on performance, muscle recovery and injury prevention. *Sports Med*., v. 35, n. 3, p. 235-256, 2005. DOI: 10.2165/00007256-200535030-00004.

WOOD, E. C.; BECKER, P. D. *Massagem de Beard*. 3. ed. São Paulo: Manole, 1984.

ZULAR, A. *Sucesso sem stress*. São Paulo: Best Seller, 2000.

Bibliografia consultada

ACHOUR JUNIOR, A. *Flexibilidade*: teoria e prática. Londrina: Atividade Física e Saúde, 1998.

AMZIEV, A. *El dolor de espalda*: cómo prevenirlo y curarlo. Barcelona: Robin Book, 1999.

APOSHYAN, S. *Inteligência natural*: integração corpo-mente e desenvolvimento humano. Barueri: Manole, 2001.

AQUINO, E. *Massagem estética, terapêutica, higiene geral e desportiva*. Uberaba: Vitória, 1997.

ARAÚJO, J. N. G. *et al*. *L.E.R.*: dimensões ergonômicas e psicossociais. Belo Horizonte: Saúde, 1997.

ARAÚJO FILHO, N. P. *Musculação e cinesiologia aplicada*. Londrina: Midiograf, 1996.

ATKINSON, M. *A arte da massagem indiana*. São Paulo: Manole, 2000.

AUSTREGÉSILO, A. S. B. *Massagem e sensibilidade*: método de massagem de origem chinesa pelos pontos de comando. Rio de Janeiro: Ediouro, 1979.

BARROS, O. B. *Ergonomia 2*. São Paulo: Pancast, 1993.

BASMAJIAN, J. *Manipulation, Traction, and Massage*. Baltimore: Williams & Wilkins, 1985.

BASNYET, J. *Complementary health massage*. London: Salamander Books, 1997.

BASNYET, J. *Massage*: complementary health. New York: Smithmark, 1997.

BATES, A; HANSON, N. *Exercícios aquáticos terapêuticos*. São Paulo: Manole, 1998.

BECKER, B. *Distúrbios do sono*: como tratar e evitar. Rio de Janeiro: Ediouro, 1994.

BENJAMIN, P. J.; LAMP, S. P. *Understanding sports massage*. Champaign, IL: Human Kinetics, 1996.

BENTLEY, E. *O livro essencial de massagem*. São Paulo: Manole, 2006.

BERNE, G. *Le massage*: manuel thêorique et pratique. Paris: Rueff et Cie Éditeurs, 1894.

BIENFAIT, M. *Bases elementares*: técnicas de terapia manual e osteopatia. São Paulo: Summus, 1997.

BIENFAIT, M. *Fáscias e pompages*. São Paulo: Summus, 1999a.

BIENFAIT, M. *Estudo e tratamento do esqueleto fibroso*. São Paulo: Summus, 1999b.

BIERACH, A. *Como tratar doenças pela massagem reflexógena*. Rio de Janeiro: Ediouro, 1982.

BIRIUKOV, A. A.; MAKAROV, V. A. *Masaje deportivo.* Havana: Edit Pueblo y Educación, 1978.

BLACK, A. *Escola postural*: uma alternativa para a saúde da coluna vertebral. Porto Alegre: Rígel, 1993.

BOIGEY, M. *Manual de masaje*. 2. ed. Barcelona: Toray-Masson, 1964.

BOIGEY, M. *Manual de massagem*. São Paulo: Andrei, 1986.

BOLLES, E. B. *Dor nas costas*: como tratar e evitar. Rio de Janeiro: Ediouro, 1994.

BOSSY, J. *Bases neurobiologicas de las reflexoterapias*. Barcelona: Masson, 1994.

BOUSINGEN, R. D. *A relaxação*. Lisboa: Publicações Europa, 1967.

BOYD, R. *Uma introdução à terapia bio-cranial.* São Paulo: Ibraqui, 1994.

BRITO, C. L. C. *Consciência corporal*: repensando a Educação Física. Rio de Janeiro: Sprint, 1996.

BROWN, D. W. *Massage*. 3rd. ed. London: Teach Yourself, 1999.

BROWN, D. W. *Massagem terapêutica*: introdução prática. São Paulo: Manole, 2001.

BROWN, G. *Jogos cooperativos*: teoria e prática. 3. ed. São Leopoldo: Sinodal, 2001.

BROWN, R. L. *Entre em forma em 10 minutos*: um programa diário para perda de peso, superimunidade, maior vigor físico, melhor desempenho sexual. Rio de Janeiro: Campus, 1999.

BURMEISTER, A.; MONTE, T. *The Touch of Healing*: Energizing Body, Mind and Spirit with the Art of Jim Shin Jyutsu. Nova York: Bantam, 1997.

BUSQUET, L. *As cadeias musculares*. Belo Horizonte: Busquet, 2001. v. 1/2.

CAILLIET, R. *Escoliose*: diagnóstico e tratamento. São Paulo: Manole, 1979.

CAILLIET, R. *Lombalgias (síndromes dolorosas)*. São Paulo: Manole, 1975.

CALAIS-GERMAIN, B. *Anatomia para o movimento*. São Paulo: Manole, 1992. v. 1.

CALAIS-GERMAIN, B.; LAMOTTE, A. *Anatomia para o movimento*. São Paulo: Manole, 1991. v. 2.

CAMPOS, J. M.; COELHO, G. D. *A medicina resgatada:* uma introdução à *praxis vertebralis*. São Paulo: Pensamento, 1997.

CANÇADO, J. *Do-in*: livro dos primeiros socorros. 35. ed. Rio de Janeiro: Ground, 1993. v. 1.

CANÇADO, J. *Do-in*: primeiros socorros. 7. ed. Rio de Janeiro: Mantra Publicações, 1986. v. 2.

CARDOSO, M. *Os arquivos das olimpíadas*. São Paulo: Panda, 2000.

CARMONA, L.; RODRIGUES, J. L.; PETRIK, T. *Brasileiros olímpicos*. São Paulo: Panda, 2000.

CASSAR, M. P. *Massagem*: curso completo. São Paulo: Manole, 1998.

CASTRO, E. *A quiroprática (chiropratic)*: um manual de ajustes do esqueleto. São Paulo: Ícone, 1999.

Castro, V. *Vivendo plenamente*: conheça seu corpo e aprenda exercícios para o seu bem-estar. Rio de Janeiro: Ediouro, 2000.

Chaitow, L. *Técnicas neuromusculares modernas*. Barueri: Manole, 2001.

Chaitow, L. *Técnicas de energia muscular*. Barueri: Manole, 2001.

Chaitow, L. *Técnicas neuromusculares posicionais de alívio da dor*: aplicação no tratamento da fibromialgia e da síndrome de dor miofascial. Barueri: Manole, 2001.

Chan, P. *Vença a dor com o do-in*. Rio de Janeiro: Record, 1982.

Chang, P. *Practical Chinese Tuina Therapy*. Beijing: New Worl Press, 1998.

Charrière, L.; Roy, J. *Fisioterapia dos desvios laterais da coluna vertebral*. São Paulo: Roca, 1987.

Chia, M. *Automassagem Chi*: método taoísta de rejuvenescimento. São Paulo: Cultrix, 1986.

Chia, M. *Chi nei tsang*: técnicas de masaje Chi para los organos internos. Madrid: Mirach, 1993.

Chuangui, W. *Masaje práctico en los canales y puntos vitales*. 2. ed. Beijing: Ediciones en Lenguas Extranjeras, 1996.

Chunqiang, B; Yu, T. *Arte chino de masaje para la belleza*. Sahndong: Youyi, 1996.

Cipullo, M. T. *Falando do corpo*... O papel do verbo na bioenergética. São Paulo: Summus, 2000.

Ciudad, M. A. G. *A massagem metamórfica*. Lisboa: Estampa, 1999.

Claro, E. *Método dança – Educação Física*: uma reflexão sobre consciência corporal e profissional. São Paulo: Claro, 1988.

Cobra, N. *A semente da vitória*. 3. ed. São Paulo: Senac, 2001.

Cohen, D. *Introducción a la terapia sacrocraneal*: anatomía, función y tratamiento. Madrid: Mandala, 1997.

Conselho Editorial Revista Brain. *Guia de exame do sistema nervoso periférico*. São Paulo: Manole, 1987.

Contursi, T. L. B.; Carvalho, A .C.; Lacerda, Y. *Flexibilidade e relaxamento*. Rio de Janeiro: Sprint, 1990.

Corazza, M. A. *Vivências*: corpo + mente + água. São Paulo: Madras, 1993.

Corazza, M. A. *Terceira idade e atividade física*. São Paulo: Phorte, 2001.

Couto, H. A. *Guia de bolso de ergonomia aplicada ao trabalho*. Rio de Janeiro: Ergo, 1996.

Cratty, B. J. *A inteligência pelo movimento*. São Paulo: Difel, 1976.

Cross, J. R. *Acupressão*: aplicações clínicas em doenças musculoesqueléticas. São Paulo: Manole, 2002.

CUTTER, N. C.; KEVORKIAN, C. G. *Provas funcionais musculares*. São Paulo: Manole, 2000.

CYRIAX, J. *Medicina ortopédica*. Buenos Aires: Editorial La Fragua, 1958. v. 2.

DANIELS, L.; WORTHINGHAM, C. *Exercícios terapêuticos para alinhamento e função corporal*. São Paulo: Manole, 1983.

DANTAS, E. H. M. *A prática da preparação física*. 2. ed. Rio de Janeiro: Sprint, 1985.

DAVIS, P. K. *O poder do toque*. 8. ed. São Paulo: Best Seller, 1991.

DELAVIR, F. *Guia dos movimentos de musculação*: abordagem anatômica. 2. ed. São Paulo: Manole, 2000.

DESPARD, L. L. *Text-book of massage and remedial gymnastics*. 3rd. ed. London: Humphrey Milford, 1932.

DI MASI, F. *Hidro*: propriedades físicas e aspectos fisiológicos. Rio de Janeiro: Sprint, 2000.

DOLTO, B. J. *Le corps entre les mains*. Paris: Hermann, 1982.

DOLTO, B. J. *O corpo sob a ação das mãos*. Lisboa: CLB, 1978.

DONETTI, A.; LUPANO, V. *Guia de massagem mágica*. Lisboa: Estampa, 1985.

DONKIN, S. W. *Sente-se bem, sinta-se melhor*: guia prático contra as tensões do trabalho sedentário. São Paulo: Harbra, 1996.

DOUGANS, I.; ELLIS, S. *Um guia passo a passo para a aplicação da reflexologia*. São Paulo: Cultrix, 1996.

DUFOUR, M. *et al. Cinesiologia*. São Paulo: Médica Panamericana, 1989. v. 4.

ENGEL-ARIELI, S. L. *Como funciona o seu corpo*. São Paulo: Quark, 1998.

ENGELHARDT, L. *Terapia da aceitação*. 3. ed. São Paulo: Paulus, 1992.

ERNST, E. *Dor nas costas*. São Paulo: Vitória Régia, 2000. (Cuide bem de sua saúde).

EVANS, M. *Massagem para alívio do stress*: vida nova. Lisboa: Estampa, 1998.

FELICIANO, A.; CAMPADELLO, P. *Reflexologia energética*: massagem para os pés. São Paulo: Madras, 1999.

FELLUS, C. *La gym anti-stress*. Paris: De Vecchi Poche, 1986.

FONSECA, D. *Manual básico de massagens*. São Paulo: Nova Sampa Diretriz, 1998.

FU, W. *Metodos chinos de masoterapia*. Beijing-China: Ediciones en Lenguas Extranjeras, 1995.

GAGEY, P.; WEBER, B. *Posturologia*: regulação e distúrbios da posição ortostática. 2. ed. São Paulo: Manole, 2000.

GALLEGO, V. *El masaje terapéutico y deportivo*. Madrid: Mandala, 1996.

GARAUDY, G. *Massagem e automassagem*: oriental e ocidental. São Paulo: Hemus, 1985.

GARRICK, J. G.; WEBB, D. R. *Lesões esportivas*: diagnóstico e administração. 2. ed. São Paulo: Roca, 2001.

GELB, M. *O aprendizado do corpo*: introdução à técnica de Alexander. São Paulo: Martins Fontes, 1987.

GEOFFROY, C. *Alongamento para todos*: Quando? Como? Por quê? São Paulo: Manole, 2001.

GOLD, R. *Massagem Tai*: uma técnica médica tradicional. São Paulo: Manole, 2000.

GOLDBERG, L.; ELLIOT, D. L. *O poder de cura dos exercícios*. Rio de Janeiro: Campus, 2001.

GOMOLITSKY, V. V. Précis de massage et de gymnastique: technique et application. 3. ed. Paris: Librairie N. Maloine, 1935.

GOOSMANN-LEGGER, A. I. *Reflexoterapia usando massagem nos pés*. São Paulo: Ágora, 1997.

GRAY, M. *Lesões no futebol*. Rio de Janeiro: Ao Livro Técnico, 1983.

GREENMAN, P. E. *Princípios da medicina manual*. 2. ed. São Paulo: Manole, 2001.

GRIEVE, G. P. *Moderna terapia manual da coluna vertebral*. São Paulo: Editorial Médica Panamericana, 1994.

GUNTHER, B. *Sensibilidade e relaxamento*. São Paulo: Brasiliense, 1979.

HAETINGER, M. G. *Criatividade*: criando arte e comportamento. Porto Alegre: M. Haetinger, 1998. (Criar).

HALL, N. *Reflexologia*: guia prático. São Paulo: Callis, 1997. (Sementes do saber).

HARGREAVES, G. *Manual de auto-formação*: gerir o stress: o guia essencial para trabalhar melhor e ser bem sucedido. Lisboa: CentraLivros, 2001.

HARROLD, F. *Manual de massagem*: um guia passo a passo para conseguir o relaxamento do corpo e do espírito. Lisboa: Estampa, 1998.

HAUSCHKA, M. *Massagem rítmica*. 2. ed. São Paulo: Associação Beneficente Tobias, 1985.

HAWKEY, C. J.; WIGHT, N. J. D. *Indigestão e úlcera*. Guia da Saúde Familiar. Rio de Janeiro: Grupo Três, 2001.

HAY, L. *Ame-se e cure sua vida*. São Paulo: Best Seller, 1990.

HEARN, E. L. *Você é tão jovem quanto a sua espinha*. São Paulo: Pioneira, 1964.

HEITLER, S. *A arte do relacionamento*. São Paulo: Best Seller, 2000.

HENDERSON, R. *100 maneiras comprovadas de combater o estresse*. São Paulo: Manole, 2000.

HETTINGER, T. *Fique em forma*: permaneça em forma. São Paulo: Manole, 1984.

HOCHSCHULER, S.; REZNIK, B. *Trate sua coluna sem cirurgia*: as melhores alternativas não-cirúrgicas para eliminar dores nas costas e no pescoço. São Paulo: Manole, 2000.

HOFFA, A. *Techinique du massage*. Paris: Payot, 1930.

HOLLIS, M. *Massagem para terapeutas*. São Paulo: Manole, 1990.

HOMEM, F. V. *Manual de massagem*. Lisboa: Livraria Progresso, 1972.

HOPPENFELD, S. *Propedêutica ortopédica*: coluna e extremidades. Rio de Janeiro: Atheneu, 1980.

HORN, S. *Técnicas de relaxamento*. São Paulo: Cultrix, 1989.

HOSPITAL DA ESCOLA DE MEDICINA ANHUI DE PEQUIM. *A massagem chinesa*: manual de massagem terapêutica. Rio de Janeiro: Record, 1983.

HOUSTON, F. M. *Benefícios terapêuticos da acupressura*: acupuntura sem agulhas. São Paulo: Pensamento, 1996.

HUGGLER, P. *La chiropractie, clef de votre santé Pierre-Marcel*. Lausanne-Suisse: Favre, 1981.

IBÁÑEZ, S. C. *Técnicas manuales*: masoterapia. 2. ed. Barcelona: Ediciones Científicas e Técnicas Masson e Salvat, 1993.

IBORRA, A. *Kinesiologia esencial*. Barcelona: APAS, 1994.

ILA, M. P. *Massagem ayurvédica*: o toque dos deuses. Rio de Janeiro: Brasport, 2000.

JAHARA-PRADIPTO, M. *Tao shiatsu*: essência e arte. São Paulo: Summus, 1991.

JARNEY, C.; MOJAY, G. *Shiatsu*: um guia completo. São Paulo: Pensamento, 1990.

JOHARI, H. *El masaje indio*: técnicas tradicionais de masaje basadas en el ayurveda. Barcelona: Biblioteca de la Salud Ed. Kairós, 1996.

JULIEN, N. *Les guide marabout des massages bien-être*. Belgique: Marabout, 1990.

KALTENBORN, F. M. *et al. Mobilização manual das articulações*: método Kalterborn de exame e tratamento das articulações. 5. ed. São Paulo: Manole, 2001. v. 1.

KEATING, K. *A terapia do abraço*. São Paulo: Pensamento, 1996.

KENYON, K. *Acupuntura sem agulhas*. São Paulo: Pensamento, 1988.

KEPPE, N. R. *A origem das enfermidades psíquicas, orgânicas e sociais*. São Paulo: Proton, 2000.

KNASTER, M. *Descubra a sabedoria do seu corpo*. São Paulo: Cultrix, 1999.

KNOPLICH, J. *Viva bem com a coluna que você tem*. 11. ed. São Paulo: Ibrasa, 1986.

KÖHLER, E. *Conheça seu alimento e tenha saúde*. 9. ed. São Paulo: IAE, 1996.

KOHLRAUSCH, W.; TEIRICH-LEUBE, H. *Ginástica sentada*: tratamento através da ginástica sentada. 8. ed. São Paulo: Manole, 1984.

KRASENSKY, J. P. *Massage refléxe des pieds*. Paris: Dangles, 1987.

LACROIX, N. *Learn Massage in a Weekend*. London: Dorling Kindersley, 1992.

LAHAYE, T. *Por que agimos como agimos*. 3. ed. São Paulo: Abba, 1999.

LANGRE, J. *Do-in*: técnica oriental de auto-massagem. 18. ed. Rio de Janeiro: Ground, 1983.

LAPERTOSA, G. *La médicine manipulative*: structure, forme, fonction. Genève-Suisse: Albatros Publicité, 1987. (Etiopathie).

LAWSON-WOOD, D. J. *Primeiros socorros na ponta dos seus dedos*: ajude-se com a acupressura. São Paulo: Pensamento, 1993.

LE CORRE, F. *Les manipulations vertébrales (Que Sais-Je?)*. Paris: Universitares de France, 1978.

LE CORRE, F. *Tratamentos não medicamentosos das dores da coluna vertebral no adulto*. São Paulo: Andrei, 1988.

LEE, S. *Liberte-se*. Cotia: Centro de Treinamento de Saúde, 1991.

LEITE, P. F. *Aptidão física, esporte e saúde*: prevenção e reabilitação de doenças cardiovasculares, metabólicas e psicossomáticas. Belo Horizonte: Santa Edwiges, 1985.

LEVINE, S. *Caminhe para a saúde*: 20 minutos por dia para chegar à saúde e à boa forma. São Paulo: Physis, 1999.

LEWIT, K. *A manipulação na reabilitação do sistema locomotor*. 3. ed. São Paulo: Santos, 2000.

LIACH FILHO, P. *Problemas de coluna*: causa e solução. São Paulo: Pioneira, 1999.

LICHT, S. *Masaje, manipulación e tracción*. Barcelona: Toray, 1980.

LIDDEL, R. LUCINDA. *Le massage*. Paris: Laffont, 1985.

LIMA, M. E. A.; ARAÚJO, J. N. G.; LIMA, F. P. A. *L.E.R. – Lesões por Esforços Repetitivos*: dimensões ergonômicas e psicossociais. Belo Horizonte: Health, 1997.

LINART, C. W.; BLAKE, A.; LNART, C. B. *Como aumentar a sua altura*: fique mais alto dando adeus à dor nas costas. Rio de Janeiro: Ediouro, 1980.

LOBO, R. H. *Psicologia dos esportes*. São Paulo: Atlas, 1973.

LÓPEZ, G.; GARCÍA, N. *Massajes para la salud*. Barcelona: Oasis S.L., 1996.

LOWEN, A. *Bioenergética*. São Paulo: Summus, 1982.

LUNDBERG, P. *O livro do shiatsu*: vitalidade e saúde por meio da arte do toque. São Paulo: Manole, 1998.

LUPPI, D.; ROCHA, R. A. *Praticando qualidade*. 2. ed. São Paulo: Sebrae, 1998.

MACHADO, A. *Neuroanatomia funcional*. 2. ed. São Paulo: Atheneu, 2000.

MAIGNE, R. *Les manipulations vertébrales*. Paris: Expansion Scientifique, 1960.

MAIGNE, R. *Manipulações vertebrais*: princípio, indicações, contra-indicações e técnicas. Rio de Janeiro: Revinter, 1996.

MALVASSI, A. *El masaje cientifico en los deportes*. Buenos Aires: Pan America, 1944.

MARFORT, J. E. *Manuel théorique et pratique de massage et de gymnastique médicale suédoise*. 4. ed. Paris: Vigot Frères, 1921.

MARINHO JÚNIOR, R. *Fisiologia das emoções*. São Paulo: Sarvier, 1975.

MARQUES, A. P. *Cadeias musculares*. São Paulo: Manole, 2000.

MARTINS, S. *Vida saudável*: a ginástica e os segredos da boa forma. Porto Alegre: LPM, 1985.

MASUNAGA, S.; OHASHI, W. *Zen-shiatsu*: como harmonizar o Yin/Yang para uma saúde melhor. São Paulo: Pensamento, 1988.

MATSUDO, S. M. M. *Avaliação do idoso*: física e funcional. São Caetano do Sul: S.M.M. Matsudo, 2000.

MATSUDO, V. K. R. *Testes em ciências do esporte*. 3. ed. São Paulo: Gráficos Burti, 1984.

MATTHEWS, A. *Seja feliz*: um guia prático para você se tornar mais confiante e mais seguro. São Paulo: Best Seller, 2000.

MATTHEWS, A. *Siga seu coração*: encontre um objetivo para sua vida e para seu trabalho. 7. ed. São Paulo: Best Seller, 2001.

MCARDLE, W. D. *Fisiologia do exercício*: energia, nutrição e desempenho humano. 3. ed. Rio de Janeiro: Guanabara Koogan, 1991.

MCCLURE, V. S. *Massagem infantil*: um guia para pais carinhosos. Rio de Janeiro: Record, 1995.

MEERSSEMAN, J. P. *Chiropratica*: contro il mal di schiena e i dolori. 4. ed. Bologna: Red/ Studio Redazionale, 1988.

MENDONÇA, M. E. *Ginástica holística*: história e desenvolvimento de um método de cuidados corporais. São Paulo: Summus, 2000.

MENESES, L. J. S. *O esporte... suas lesões*. Rio de Janeiro: Palestra, 1983.

MENEZES, D. *Como evitar... os males da coluna cervical após os 20 anos*. São Paulo: Salesianas, 1976.

MERCATI, M. *Manual de massagem tailandesa*. Lisboa: Estampa, 1999.

MERCÚRIO, R. *Dor nas costas nunca mais*. São Paulo: Manole, 1997.

MERCÚRIO, R. *O que você deve saber sobre a coluna cervical*. São Paulo: Lusiade, 1973.

METZNER, K. *O poder do toque shiatsu*. Porto Alegre: Kuarup, 1997.

MIRANDA, E. *Bases de anatomia e cinesiologia*. Rio de Janeiro: Sprint, 2000.

MIRANDA, J. B.; MARQUES NETO, J. F. *A coluna*. São Paulo: Contexto, 1998.

MITCHELL, S. *A massagem terapêutica*: medicinas alternativas. Lisboa: Estampa, 1994.

MITCHELL, S. *Massage*: a practical introduction health essentials. 3rd. ed. Rockport: Element, 1997.

MOLLER, R. *Terapias holísticas no esporte*. São Paulo: Ibrasa, 2001.

MOMESSO, R. B. *Proteja sua coluna*. São Paulo: Ícone, 1997.

MONTEIRO, I. *Helen Keller*: pensamento – Criatividade estética. São Paulo: Ação Alvorada, 1982.

MONTEIRO, J. *O sentido da auto-estima nas relações interpessoais*. São Paulo: J. Monteiro, 2000.

MONVOISIN, J. *Soignez-vous par la chiropraxie*. Bélgica: Marabout, 1992.

MOONEY, V.; SAAL, J.; SAAL, J. S. Avaliação e tratamento da dor lombar. *Clinical Symposia*, v. 48, n. 4, 1997.

MOORE, S. *Chiropratica*: tecniche di manipulazione della colonna vertebrale manuali pratici salute. Trento: MEB, 1990.

MORAES, M. *et al*. *O que você deve saber sobre dores nas costas*. 3. ed. Campinas: Gipec-Cecom-Unicamp, 1991.

MOTZ, J. *Mãos de vida*. São Paulo: Cultrix, 2000.

NASCIMENTO, E.; QUINTA, E. M. *Terapia do relax*. São Paulo: Harbra, 2001.

NASCIMENTO, N. M.; MORAES, R. A. S. *Fisioterapia nas empresas*: saúde × trabalho. Rio de Janeiro: Taba Cultural, 2000.

NESSI, A. Influência da massagem tradicional (método sueco) na fadiga muscular em atletas de handebol e praticantes de musculação. *In*: SIMPÓSIO INTERNACIONAL DE CIÊNCIAS DO ESPORTE, 22., 1999, São Paulo. *Anais*... São Paulo: Celafiscs, 1999.

NESSI, A. *Massagem integrativa na atividade física adaptada*. São Paulo: Phorte, 2008.

NIEMAN, D. C. *Exercício e saúde*. São Paulo: Manole, 1999.

NOETZEL, R. *Reflexologia de la mano*: guía de trabajo com las zonas reflexas de la mano. Madrid: Edaf, 1995.

NOGIER, R.; BOUCINHAS, J. C. *Prática fácil de auriculomedicina*. São Paulo: Ícone, 1997.

NOGUEIRA, P. *Massagem e pronto socorro nos esportes*. São Paulo: Cia. Brasil, [s.d.].

NUNES, C. V. *Dorsalgias e síndromes correlatas*. Rio de Janeiro: Eleá Ciência, 1999.

OLIVEIRA, F. B. *A cura pela massagem*: problemas da coluna. Porto Alegre: Mercado Aberto, 1989.

OLIVER, J. *Cuidados com as costas*: um guia para terapeutas. São Paulo: Manole, 1999.

OLIVER, J.; MIDDLEDITCH, A. *Anatomia funcional da coluna vertebral*. Rio de Janeiro: Revinter, 1998.

ORSI, R. M. *Massagem – a terapia dos deuses*: elementos de massoterapia. São Paulo: Ágora, 1985.

OZ, M.; ARIAS, R.; OZ, L. *A cura que vem do coração*. São Paulo: Cultrix, 2000.

PADDISON, S. *O poder oculto do coração*: fonte inesgotável de inteligência. São Paulo: Cultrix, 2000.

PAILHOUS, P.; QUEF, B. *Osteopatia*: manipulações práticas dos membros superiores e inferiores. São Paulo: Lovise, 1996.

PALMER, M. L.; EPLER, M. E. *Fundamentos das técnicas de avaliação musculoesquelética*. 2. ed. Rio de Janeiro: Guanabara Koogan, 2000.

PARIK, H.; NÄSMARK, A. *Manual das lesões*. Campinas: Rehband Otto Bock, 1998.

PASQUET, G.; ABANOU, A.; MAJDALANI, A. *Prevenir e combater os problemas da coluna (as dores nas costas)*. Porto Alegre: Rígel, 1983.

PAULIN, E. *Il massaggio e la ginnastica svedese e danese*. 2. ed. Milano: Ulrico Hoepli, 1930.

PEALE, N.V. *6 atitudes para um vencedor*. São Paulo: Bompastor, 2000.

PEMBROOK, L. *Como vencer a fadiga*. Rio de Janeiro: Círculo do Livro, 1982.

PEREIRA, E. R. *Fundamentos de ergonomia e fisioterapia do trabalho*. Rio de Janeiro: Taba Cultural, 2001.

PEREIRA, G. *Shiatsu*: técnica de massagem terapêutica. 4. ed. São Paulo: Sol Nascente, [s.d.].

PETERSON, L.; RENSTRÖM, P. *Traumas no esporte*: sua prevenção e tratamento. São Paulo: Martin Dunitz/Novartis, 1997.

PETIT, G. *Soignez votre mal de dos massages*: gymnastique – musculation – yoga – relaxation. Paris: De Vecchi, 1986.

PIEMONTE, M. E. P. *Manual de exercícios domiciliares para pacientes com esclerose lateral amiotrófica*. São Paulo: Manole, 2001. v. 1: Pacientes independentes. v. 2/3.

PIVETTA, M.; PIVETTA, S. *Proteja sua coluna*: como prevenir e combater um dos distúrbios mais comuns e mais dolorosos. São Paulo: Moreira Jr., 1993.

PLATZER, W.; LEONHART, H.; KAHLE, W. *Atlas de Anatomia humana*: aparelho de movimento. 3. ed. São Paulo: Atheneu, 1988.

PONTES, D. *Harmonia do corpo*: exercícios, massagens e toques para a saúde. São Paulo: Paulinas, 1988.

POOLEY, N. *Shiatsu*: guia prático. São Paulo: Callis, 1999. (Sementes do saber).

QUEIROZ, G. J. P. *O equilíbrio do temperamento através da música*. São Paulo: Cultrix, 1997.

QUINTANILHA, A. J. R. *Coluna vertebral*: nova abordagem da dor. Porto Alegre: Ergum, 1994.

RAYMOND, P. *À corps joie*. Dammarie Les Lys:Vie et Sante, 1986.

REIMÃO, R. *Durma bem*: dicas para uma noite de sono feliz... São Paulo: Atheneu, 1997.

REIMÃO, R. *Sono, sonho e seus distúrbios*. São Paulo: Frôntis, 1999.

REINHARDT, B. *L'école du dos*. Paris:Vigot, 1995.

RICARD, F. *Tratamiento osteopático de las lumbalgicas y ciáticas*. Madrid: Mandala, 1993, tomo I.

RIGOL, O. A. *Manual de acupuntura y digitopuntura para el médico de la familia*. La Habana: Ecimed, 1992.

RINTOUL, M.; WEST, B. *Exercícios práticos e eficazes para curar a dor nas costas*. São Paulo: Pensamento, 1997.

RIO, R. P. *Ergonomia*: fundamentos da prática ergonômica. 2. ed. Belo Horizonte: Health, 2000.

ROBBINS, S. L.; COTRAN, R. S.; KUMAR, V. *Fundamentos de patologia estrutural e funcional*. 2. ed. Rio de Janeiro: Guanabara Koogan, 1996.

RODRIGUES, A. *Projeto de Atualização em Fisioterapia Esportiva, Ortopedia, Traumatologia e Recursos Terapêuticos*. Campinas: Cefespar, [s.d.].

RODRIGUES, A. *Lesões musculares e tendinosas no esporte*. São José do Rio Preto: Cefespar, 1994.

RODRIGUES, R. *Primeiros socorros no esporte*. Guarulhos: Comep – Companhia Editorial Paulista, 1973.

ROGERS, T.; GRAHAN, F. *Combatendo o stress*. São Paulo: Market Books, 2001. (Essencial).

ROTHENBERG, B.; ROTHENBERG, O. *Toque para treinamento de força*. São Paulo: Manole, 1999.

ROTHFELD, G. S.; LEVERT, S. *Medicina natural para dor nas costas*. São Paulo: Cultrix, 1999.

ROULIER, G. *L'ostéopathie*: deux mains pour vous guérir. 18. ed. St. Jean-De-Braye-France: Dangles, 1997.

RUFFIER, J. E. *Guia prático de massagem*: indicações e prática das diversas massagens: higiênica, médica, estética, automassagem, ginástica passiva. 5. ed. Rio de Janeiro: Record, 1996.

SAVATOFSKI, J. *Massage reflexe des mains*. Genebra: Recto Verseau, 1990.

SAVATOFSKI, J.; PRAYEZ, P. *Le massage doucer*. Paris: Dangles, 1986.

SAVATOFSKI, J.; PRAYEZ, P. *Le toucher apprivoisé*: pour une approche diffèrnte du soigné. Paris: Lamarre-Poinat, 1989.

SCHLANT, R. C.; HURST, J. W. *O coração*. 7. ed. Ciudad de México: Interamericana, 1993.

SCHNEIDER, M. J.; SUSSMAN, M. D. *Como tratar seus pés*: guia ilustrado para auto-tratamento. Rio de Janeiro: Ediouro, 1983.

SCHNEIDER, M.; LARKIN, M.; SCHNEIDER, D. *O manual de autocura*. Segunda Parte: patologias específicas. São Paulo: Triom, 1998.

SCHNEIDER, M.; LARKIN, M.; SCHNEIDER, D. *O manual de autocura*: método self-healing. São Paulo: Triom, 1998.

SCHULTZ, H. *Dedique-se de coração*. São Paulo: Negócio, 2001.

SCHWOPE, F. *El masaje en el deporte*. Barcelona: Hispano Europea, 1994.

SELLERS, D. *Como conviver de maneira saudável com o seu computador*. São Paulo: Callis, 1995.

SERU, P. *Guida alla chiropratica*. Milano: De Vecchi, 1995.

SHEN, P. *Massagem para alívio da dor passo a passo*. São Paulo: Manole, 1999.

SHUCHUN, S. *Atlas de movimentos terapéuticos para el tratamiento de enfermidades y la conservación de la salud*: una guía para el masaje tradicional chino y la terapia com ejercicios. Beijing: Ediciones en Lenguas Extranjeras, 1989.

SILVA; M. D.; DE MARCHI, R. *Saúde e qualidade de vida no trabalho*. São Paulo: Best Seller, 1997.

SÖLVEBORN, S. *Guia completo de alongamento*: o método original sueco para manter a forma física. Rio de Janeiro: Record, 1988.

SOUCHARD, E. *O diafragma*. São Paulo: Summus, 1989.

SOUZA, M. M. *Iniciação à quiropatia*. São Paulo: Ibraqui, 1987.

SOUZA, M. M. *Manual de quiropatia*: quiropraxia-quiroprática ciência e arte de curar com as mãos. São Paulo: Ibraqui, 2000.

SOUZA, M. Z. *Reabilitação do complexo do ombro*. São Paulo: Manole, 2001.

STEENKS, A. H.; Wijer, A. *Disfunções da articulação temporomandibular*: diagnóstico e tratamento. São Paulo: Santos, 1996.

STEGEMANN, J. *Fisiologia do esforço*. 2. ed. Rio de Janeiro: Cultura Médica, 1979.

STRUNA, M.; CHURCH, C. *Automassagem*: técnicas de toque para relaxar, acalmar e estimular seu corpo. Rio de Janeiro: Civilização Brasileira, 1984.

SUEUR, G. *Osteopatía*: la salud en la punta de las manos: cómo relanzar el movimiento, principio de vida y de autocuración. Barcelona: Obelisco, 1996.

TAKAONO, W. *Do-in – aliviando a dor com a pressão dos dedos*: massagens. 3. ed. Porto Alegre: Rígel, 2000.

TANNER, J. *Vencendo as dores nas costas*. São Paulo: Círculo do Livro, 1991.

TEEGUARDEN, I. M. *Acupressão*: o caminho para a saúde: jin shin do. São Paulo: Manole, 2000.

THOMSON, R. *Primeiros socorros*: guia prático do dia a dia. São Paulo: Melhoramentos, 1995.

TIXA, S. *Atlas de anatomia palpatória do membro inferior*: investigação manual de superfície. São Paulo: Manole, 2000.

TIXA, S. *Atlas de anatomia palpatória do pescoço, do tronco e do membro superior*: investigação manual de superfície. São Paulo: Manole, 2000.

TOWNER, L. *Controlando o estresse na empresa*. São Paulo: Clio, 1998.

TRIANCE, E. *Osteopatia*: medicinas alternativas. Lisboa: Estampa, 1996.

TRIBASTONE, F. *Tratado de exercícios corretivos aplicados à reeducação motora postural*. São Paulo: Manole, 2001.

ULRICH, W. *Livre-se das dores pela acupuntura e acupressura*. São Paulo: Tecnoprint, 1980.

VARGAS, A. *Reflexões sobre o corpo*. Rio de Janeiro: Sprint, 1998.

VILALTA, E. M. *Curso de quiropraxia*. Guadalajara: Esquitem, 1989.

VILALTA, E. M. *Cursos de quiromasaje terapéutico para patologias cervicales y dorsales*. 4. ed. Lérida: Esquitem, 1990.

VILAS BOAS, J. *Stress*: você pode ser o próximo: previna-se. 2. ed. São Paulo: Silfab, 1996.

VILLAR, G. B. *Fatiga deportiva*: monografias de medicina deportiva. Bilbao: La Gran Enciclopedia Vasca, 1989.

WANDER, W. S. *Como acabar com a dor nas costas*. Rio de Janeiro: Ediouro, 1980.

WEIL, P.; TOMPAKOW, R. *O corpo fala*: a linguagem silenciosa da comunicação não-verbal. 5. ed. Petrópolis: Vozes, 2000.

WEINECK, J. *Anatomia aplicada ao esporte*. São Paulo: Manole, 1987.

WILKINS, R. *"MR POS"*: além do pensamento positivo. Rio de Janeiro: Record, 2001.

WRIGHT, N. H. *Diminuindo o stress*. Campinas: United Press, 2000.

YAMAMOTO, S. *Shiatsu dos pés descalços*. Rio de Janeiro: Ground, 1979.

ZAUNER, R.; GÖB, A. *Dores lombares*. Rio de Janeiro: Ao Livro Técnico, 1984.

ZHENGGUANG, C. *et al. El tratamiento ortopédico de la medicina tradicional china*. Beijing: Ediciones en Lenguas Extranjeras, 1992.

Sobre o autor

André Nessi é graduado em Educação Física (UniFMU), especialista em Massagem Desportiva (ISMF, Havana, Cuba), em Drenagem Linfática (EDLL, Bruxelas, Bélgica), em Fisiologia do Exercício (UniFMU) e em Massagem Terapêutica (UCG, Genebra, Suíça). É docente da graduação e da pós-graduação na Universidade Anhembi Morumbi. Ministrante de palestras e de cursos no Brasil e no exterior. Tem mais de 35 anos de experiência na área. Prêmio de Educador do Ano em 2016 – Congresso Estétika. Prêmio Top Fiep 2018/2019 de Professor/Profissional. É coautor do livro *Atividade física adaptada*, tratando do tema massagem integrativa na atividade física adaptada.

SOBRE O LIVRO
Formato: 17 x 24 cm
Mancha: 12,3 x 17,9 cm
Papel: Offset 90 g
nº páginas: 136
6ª edição: 2021

EQUIPE DE REALIZAÇÃO
Assistência editorial
Liris Tribuzzi

Edição de texto
Gerson Silva (Supervisão de revisão)
Roberta Heringer de Souza Villar (Preparação do original e copidesque)
Fernanda Fonseca (Revisão)

Editoração eletrônica
Évelin Kovaliauskas Custódia (Capa, projeto gráfico e diagramação)
Eduardo Cunha Hernandes (Fotografia)
Nara Oliveira Santos (Modelo)

Impressão
Forma Certa